点亮人生——我是李燕杰

黄海平◎编著

中国水利水电出版社
www.waterpub.com.cn

内容提要

1977年，李燕杰的演讲在北京掀起“李燕杰旋风”，这股“旋风”随即声势浩大地刮向全国，人们称之为“李燕杰现象”。

他没想当旅行家，却去过世界上680个城市；他没想当诗人，却写下了3000多首诗；他没想当教育家，却招收了30余万名学生；他没想当藏书家，却收藏了35000多册书。他是个演讲家，在“地球村”演讲超过4300场……

图书在版编目（CIP）数据

点亮人生——我是李燕杰/黄海平编著．—北京：中国水利水电出版社，2008

ISBN 978-7-5084-6141-0

Ⅰ．点… Ⅱ．黄… Ⅲ．①李燕杰—演讲—文集②社会科学—文集 Ⅳ．C52

中国版本图书馆CIP数据核字（2008）第193054号

书　　名	**点亮人生——我是李燕杰**
作　　者	黄海平　编著
出版发行	中国水利水电出版社（北京市三里河路6号　100044） 网址：www.waterpub.com.cn E-mail：sales@waterpub.com.cn 电话：(010) 63202266（总机）、68367658（营销中心）
经　　售	北京科水图书销售中心（零售） 电话：(010) 88383994、63202643 全国各地新华书店和相关出版物销售网点
排　　版	北京京润天源科技有限公司
印　　刷	北京市地矿印刷厂
规　　格	180mm×245mm　16开本　15.5印张　260千字　4插页
版　　次	2008年12月第1版　2008年12月第1次印刷
印　　数	00001—15000册
定　　价	35.00元

2007 年 1 月，李燕杰接受《北京晚报》记者采访

李燕杰与于丹探讨演讲美学

李燕杰在演讲

李燕杰的魅力

世界華人演説家協會
WORLD CHINESE PUBLIC SPEAKER ASSOCIATION
（世説協NO. 20070016）

證　書

經世界華人演説家協會常務理事會研究決定：特推選亞洲著名教育家、演説家、友好天使慈善活動家 李燕杰 先生爲世界華人演説家協會副會長，兼高級顧問。

特發此證

世界華人演説家協會
WORLD CHINESE PUBLIC SPEAKER ASSOCIATION
2007年7月18日

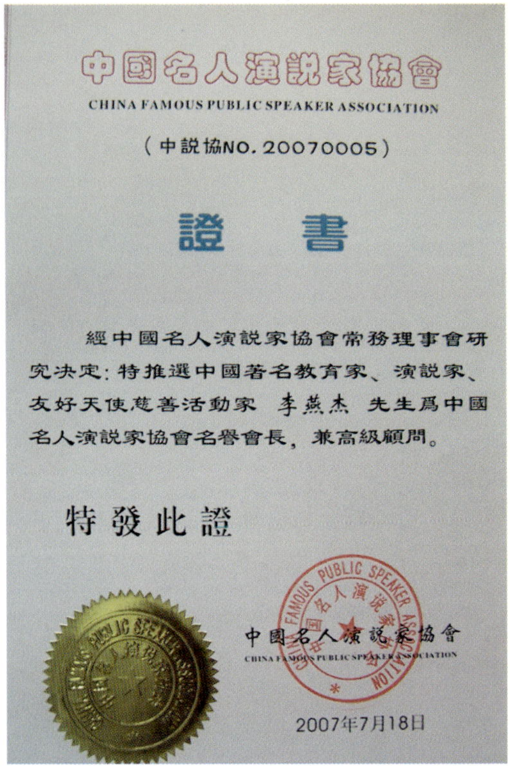

中國名人演説家協會
CHINA FAMOUS PUBLIC SPEAKER ASSOCIATION
（中説協NO. 20070005）

證　書

經中國名人演説家協會常務理事會研究決定：特推選中國著名教育家、演説家、友好天使慈善活動家 李燕杰 先生爲中國名人演説家協會名譽會長，兼高級顧問。

特發此證

中國名人演説家協會
CHINA FAMOUS PUBLIC SPEAKER ASSOCIATION
2007年7月18日

2007 年 7 月 18 日，李燕杰被世界华人演说家协会聘为副会长

賞状
終身成就奨
李燕杰先生
あなたは漢學研究
において優秀な成績を
おさめられたので賞します
平成廿年十二月廿五日
滋賀県教育委員会
教育長 末松史彦

演讲后学生们簇拥
着李燕杰请他签名

万名大学生冒雨听李燕杰演讲

“美的使者”李燕杰

1981 年，李燕杰在上海文化广场万人演讲会上

全家福，左起：张之英、李成、李东初、李慎言、李燕杰

序言一

声音的重量

邢利斌

全球化浪潮使人的生活与工作日益匆忙，紧张，无形的压力与日俱增，浮躁之风日渐弥漫。不少人在问：生命的意义何在？成功有什么公式？怎样获得财富？品格为什么是智慧与幸福的第一要素？思想如何转变为生产力？怎么透过表象看到事实真相，把握潜在规律？如何实现民族长久的国富民强……

“在浮躁的社会里，我们需要真正的声音：在卑琐的生活里，我们需要警醒和鼓励。”

林肯称赞爱默生为“美国精神的先知”时这样写道。

在中国，有一个声音，承载着民族灵魂的重量，有一双眼睛，充满智慧、宽容与慈祥。从20世纪80年代起，诸多青年纷纷从中找到自信，看到希望，走上正途。

今天，声音与眼睛充盈着自信的柔和，向世人传递最本质的智慧和至善的福祉，于是，《点亮人生——我是李燕杰》诞生了！

主人公常用赫尔岑的话勉励自己：“书，这是一代人对另一代人精神上的遗言，这是将死的老人对刚刚开始生活的青年的忠告，这是准备去休息的哨兵对前来接替他的岗位的哨兵的命令。”

冰心曾为他题辞：

“诗之心，国之魂，诗如其人。”

艾青为他写道：

“青年导师，无上光荣。”

著名诗人贺敬之写道：

“让闪光的思想插上诗歌的翅膀，飞向千万青年的心中。”

青年叫他“铸魂之师”，家长称他“良师益友”，教育界称他为“国际教育艺术家”，中央领导称他为“巡回大使”，我更愿意称他为“点燃心灵之火的人”。

听李燕杰教授演讲，感觉他不是妙语连珠，而是口吐莲花，让人极为振奋，回味无穷。在新的时代环境下，李燕杰孜孜不倦地传播着他的“大爱大智大美”理念，他说：

“大本大元求大智，
大爱大美利大成，
求真求善又求美，
立德立言再立功。”

确实，我从中感觉到他的人生智慧与人生追求达到了前所未有的新高度，这也将是一个新时代的新高度。

我们有幸站在时代的高度上，用自己微薄的力量一起构筑和谐社会的“大厦”。

感谢李燕杰教授，感谢这个时代，让我们更奋然而前行。

是为序。

序言二

人生的动力

王海波

李燕杰以演讲家为人们熟知，但读了这本《点亮人生——我是李燕杰》，方知他演讲的光芒遮盖了他教育家的成就，教育的职业遮盖了他文学家的修养与造诣，文学的语言遮盖了他国学家的博大精深，国学家的风采遮盖了他易学家的思辨精神……

表象之后存在一种真实，真实之后必有另一种真实，就像事物的存在与发展总是由于被隐藏的某些关键点的支撑，而这些关键点又取决于另一些关键点。

李燕杰没想当旅行家，却去过世界上 680 个城市；没想当诗人，却写下了 3000 多首诗；没想当书法家，却为海内外的朋友书写了 20000 万多幅作品；没想当社会活动家，却有过 700 多个社会头衔；没想当教育家，却与朋友们合办了一所大学；没想当藏书家，却收藏了 35000 多册书。他是个演讲家，在地球村演讲超过 4300 场；当然，他还是个著作家，著书 40 多种，编写的书稿上千万字……

李燕杰何以取得这样的成就？他成就背后的支撑点是什么？

读完这本书，这个疑问一直在我脑海里萦绕着。

在一个金色的黄昏，我终于豁然开朗。我发现了问题的答案，也发现了李燕杰成功的缘由和生命的动力——品格与智慧。

这个主题贯穿全书。

塞缪尔·斯迈尔斯曾说："捐献钱财给别人的人并不是真正的恩人，只有那些把自我奉献给别人的人才是真正的恩人。"李燕杰要将自己最富贵的礼物送给了后人。在这里，礼物如水，品格是船，智慧是帆。

无论是主人公李燕杰教授，还是编者黄海平先生，无不是在阐述、重复、升华这个主题：品格与智慧。

李燕杰被称为"青年导师"、"铸魂之师"、"中国的卡耐基"，他的著作曾被称为"抚慰中国人心的圣经"，冰心称他为"诗之心，国之魂"。本书再现了德才兼备的教育艺术演讲家李燕杰教授非凡的追求、审美、信念与成就，可谓是一部播种者的哲理信史，智慧大爱的诗传，是一部指引生命的智慧书、一部历练品格的羊皮卷。

我有幸读完新作，更有幸我的心灵被品格、智慧之光所照耀、润泽，我也希望通过阅读这本书，读者能有幸发掘自己的人生动力。一如李嘉诚所言："一个人最大的幸运是能顿识内心的富贵才是真正的富贵。"

凤凰基金有幸参与其思想、精神的传播。凤凰基金隶属于中国红十字基金会，旨在"呵护生命·关爱心灵"，致力于改善肢残人群的境况，推广慈善教育，在呵护人的生命与健康的同时，努力唤醒、关爱人的心灵健康，改善他们的生存与发展空间。

博爱（将博爱播种于众人的心灵）、善行（让善行成为生命的习惯）、生命之舞（使人展现自己最华美的生命之舞）是凤凰基金的文化理念。

我想，这也是《点亮人生——我是李燕杰》在诠释的另一个主题，因为，这也是人生非凡的动力。

致读者

从20世纪80年代起，就有一双智慧、宽容、慈祥、充满活力与爱的眼睛注视着华夏大地，于是，许多青年纷纷从中找到自信，看到希望，走上正途。

今天，这双眼睛充盈着自信的柔和，要向世人传递最本质的智慧和至善的福祉。

青年叫他“铸魂之师”，家长称他“良师益友”，教育界称他为“国际教育艺术家”，中央领导称他为“巡回大使”。他，就是李燕杰。

1977年，李燕杰的演讲在北京掀起“李燕杰旋风”，这股“旋风”随即声势浩大地刮向全国，人们称之为“李燕杰现象”。1982年，“旋风”犹如暖气流西进欧美，身在异乡的华人与留学生，一时顿觉“面朝大海，春暖花开”。

晌指间，已是30年光阴不再，轰轰烈烈的市场经济使人们的价值观念发生了巨大变化。昔日名扬全国的风云人物，没有“冯唐易老”，退居幕后，含饴弄孙颐养天年。相反，他一直活跃在青年中间，一直从事着演讲、创作、教育工作，而且，一直深受老、中、青年朋友的欢迎。

中学生称他为“F5”，大学生称他为“奔腾5”，企业家称他为“智慧高参”，人们称他为“中国的卡耐基”，“李燕杰现象”的效应还在持续，78岁的李燕杰有颗像年轻人一样奔腾的心。

“点燃心灵之火的人”——李燕杰是一个时代的名片，一个全国现象级的人物，他影响了三代人。对于现在40多岁的中年人来说，他几乎是一个精神源泉，20多年前的“五讲”、“四美”、“三热爱”活动，由于李燕杰的演讲而更具体，更深入人心。尤其是一代学子，可以说是听着李燕杰的演讲，读着他的《塑造美的心灵》而奠定了自己的人生观、道德观、价值观。

他没想当旅行家，却去过世界上680个城市；他没想当诗人，却写下了3000多首诗；他没想当书法家，却为海内外的朋友书写了20000多幅作品；他没想当社会活动家，却有过700多个社会头衔；他没想当教育家，却与朋友们办了一所大学（中国自修大学，中国第一所民办大学，1984年邓小平亲笔题写校名），招收了30余万名学生；他没想当藏书家，却收藏了35000多册书。他是个演讲家，在“地球村”演讲超过4300场；当然，他还是个著作家，他编或写的稿子上千万字。

每一个数字都饱含希望与汗水，在这组数字后面，还有另一组数字：《李燕杰演讲集》发行超过1000万册，媒体读者、磁带学员、收音机听众过亿；他作过4000多场演讲，按平均每场1000人计算，就有400多万人；他收到的信超过15万封，其中回信万余封；他亲自接待青年上万人次……

人是一切的根本，充满诗人气质的李燕杰深感“人类的一切都与我的血肉有关”，他牵挂那些自己帮助过的人，牵挂那些需要帮助的人，他也感恩那些青年，那数以千万计的听众与读者，他奉青年为师，奉青年为友，并几十年如一日地身体力行。

编者深感李燕杰思想与智慧意义深远，亦知我们仅止跬步。希望海内外的读者朋友给我们批评、建议。

黄海平

2008年11月

目录 CONTENTS

序言一

序言二

致读者

第一章　天地人、精气神、真善美
——李燕杰演讲实录精选　/1

他被誉为“真善美的传道士”、“爱与美的化身”、“点燃心灵之火的人”、“铸魂之师”、“青年导师”、“演讲泰斗”、“培训鼻祖”、“国学大师”、“中国大陆民间美的教育家”、“中国当代成功智慧学第一人”……

中国著名青年教育家、演讲艺术家李燕杰迄今已在我国包括香港地区、澳门地区在内的360多个城市、欧美亚130多个城市作过多种类型、100多个专题的演讲4300余场，直接听众逾400万人。他的演讲集思想性与艺术性于一体，给广大青年传播真、善、美的真谛，给人以启迪，催人深思，促人奋进。

第二章　李燕杰论演讲问答　/25

高品质的沟通成就高品质的合作，成就高品质的团队，成就高品质的事业与生活。做小事靠自己，做大事靠团队。社会的大环境需要人们提高自己的表达能力、沟通能力和演说能力。

第三章　李燕杰的诗　/45

冰心曾为李燕杰诗集题词：“诗之心，国之魂，诗如其人。”

贺敬之的题词是：“让闪光的思想插上诗的翅膀，飞向千万青年的心中。”

艾青称李燕杰为“真正的诗人”。

臧克家说：“李燕杰的诗可以观，可以群，可以兴，可以怨……”

演讲是语言的艺术，是思想的艺术，是诗的艺术。李燕杰的诗是哲理诗，是人生感悟诗，是高度艺术化、生活化的诗。

第四章　李燕杰散文　/69

李燕杰的散文言之有情，有真情；言之有景，有实景；言之有理，有哲理。几乎篇篇都是抒情散文、哲理散文。

李燕杰驰骋海内外演讲，得益于他诗化、美化、哲理化的散文语言。

李燕杰写散文是应他演讲的要求，这使他的散文与他的演讲一样，充满吸引力、感染力、感动力，充满磁性与魅力。

第五章　我是李燕杰　/127

我不是一位天才的诗人。

我不是一位睿智的圣哲。

然而，我要用诗歌启迪众多人的人，我要用哲理震撼众多人的魂。

我从“文革”中走了出来，在百废待兴的年代，用那独特的语言，打开了一个新天地，打开了一扇扇心扉。

让失意的儿女，带上无限感恩的人，握着珠链，叙述着……

1. 春天，寻找我的传奇　/128
2. 见证　/128
3. 冬天的童话　/129

4. 父亲的文学梦 /130
5. 北京，沦陷 /131
6. 卖报纸的小男孩 /132
7. “淘气大王”逃学记 /133
8. 做最有生产力的事 /134
9. 生活就是谋生 /135
10. 挺住意味着一切 /136
11. 被书诱惑 /137
12. 血轮 /140
13. 最可珍贵的感情 /141
14. 怀大善心，做小事情 /143
15. 梦想自有翅膀 /144
16. 战争与和平 /146
17. 让我们远行 /149
18. 有爱，就有一切 /150
19. 人生的曲线“圆则” /151
20. 诗歌中国 /152
21. 真的生活 /153
22. 圣灵升腾的时刻 /155
23. 带着爱去工作 /157
24. 梦想皆有神助 /158
25. 灵魂比剑更强 /159
26. 吾爱演讲，吾更爱听众 /161
27. 从一本讲义到一所大学的距离 /162
28. 上帝与魔鬼都是人的化身 /163
29. 田野，电波 /165
30. 幸存是一种特别待遇 /169
31. 上海，塑造美的心灵 /170
32. 德由美生 /171

33. 思想的火药 /172
34. 飞翔的翅膀 /174
35. 你的名字不是弱者 /175
36. 感到渴望 /179
37. 红色共青城 /180
38. 雨中彩云飞 /182
39. 一直宽容 /183
40. 问题就是答案 /185
41. 有爱，就有通天桥 /187
42. 有心人的世界 /188
43. 远离父爱 /192
44. 羲黄精神，强盛中华 /194
45. 当人心遭遇文字 /195
46. 最深情的哺育 /196
47. 行者无疆 /197
48. 阳光、空气、水分 /198
49. 怀念好友 /200
50. 浮起来的石头 /204
51. 让自己甜蜜着 /205

第六章 品评李燕杰 /209

李燕杰的家是个知识的海洋，藏书超过了35000册，人称“北京藏书状元”。1997年，李燕杰齐迁新居，他的那些曾在陆、海、空三军服役的战士出动车辆，足足帮他搬了三天。当初他家做了很多书架，家具厂往他家里运的时候，小区里的人认为他们送错了，这么多书架肯定是公家买的啊，一般人谁买这么多书架。后来小区的人都知道李燕杰藏书，看到他家有那么多书，很多人和他开玩笑说：“如果有一天这个楼要是塌了，你可得负责。”

1. 左脑与右脑 /210

2. 智商与情商 /212
3. 现实主义与浪漫主义 /213
4. 他，与一个国家的历史有了联系 /216
5. 大地的春雷，一份拜师帖 /217
6. 心灵之间 /222
7. 飞龙在天 /224

后记 穿透灵魂的词语 /229

点亮人生

第一章

天地人、精气神、真善美

——李燕杰演讲实录精选

他，被誉为真善美的“传道士”、“爱与美的化身”、“点燃心灵之火的人”、“铸魂之师”、“青年导师”、“演讲泰斗”、“培训鼻祖”、“国学大师”、“中国大陆民间美的教育家”、“中国当代成功智慧学第一人”……

中国著名青年教育家、演讲艺术家李燕杰迄今已在我国包括香港地区、澳门地区在内的360多个城市、欧美亚130多个城市作过多种类型、100多个专题的演讲4300余场，直接听众逾400万人。他的演讲集思想性与艺术性于一体，给广大青年传播真、善、美的真谛，给人以启迪，催人深思，促人奋进。

我这次来上海为大家演讲，十分高兴，见到许多老朋友，又将结识一批新朋友，为此写诗一首：

南来雁，北来鹰，
黄浦江畔歌正声。
科教兴国多创意，
素质教育领先行。
千江有水千江月，
万里无云万里晴。
更新观念增智慧，
创新教育利成功。
顺风顺水顺民意，
得义得利得殊荣。
求真求善又求美，
立德立言再立功。
龙腾虎跃开新纪，
春华秋实育群英。
南来雁，北来鹰，
中华儿女豪气振苍穹。

诗虽然写得不好，却表达了一位72岁的老人对到会同志的诚挚敬意。

前些时候曾有过一次演讲，演讲过后主持人说：

“李燕杰先生是四十岁的心态，五十岁的容颜，七十岁的年龄，八十岁的智慧。”我和他开了个玩笑说：您吹牛也不上税。八十岁的智慧，有两种可能：

一种，是比一般人聪明一点点儿，因为有了多年经验的积累，人生的历练。另一种可能就是傻呆呆，但愿属于前者。

我今天讲课的题目：天地人、精气神、真善美。

➲ 天·地·人

西方社会讲上帝、自由、人权，是讲天地人。

中国古代文化讲天道、地道、人道，是讲天地人。

老子讲：人法地，地法天，天法道，道法自然，是讲天地人。

毛主席讲：与天斗，其乐无穷；与地斗，其乐无穷；与人斗，其乐无穷。又是讲天地人。

今天，企业家、军事家讲天时、地利、人和，也是讲天、地、人。

总之，不只讲天和地，更要讲人。讲人与天，讲人与地，更讲人与人的关系。

为此，我主张今天讲教育改革观念，也要讲教育如何适应于天地人，讲中国的教育如何在天地人中找到自己的坐标位，进而，要研究如何把握这个世界，适应这个时代。

➲ 精·气·神

讲完天地人，进而要讲精气神。一个校长，一位教育工作者，面对广大教职员工及广大青年学生，没有精气神怎能行呢？

精：先天之精，元精也，元精无形，寓于元神、元气之中，内流全体而不息，润行百骸而不枯。

气：先天之气，元气也，乃先乎天地之气也；后天气者，即呼吸之气也。

“先天之气如木之根本，后天之气如木之枝梢。先天之气主易，后天之气主断，气断则命绝。”

神：先天之神，元神也；后天之神，识神也。先天固有之真性，本寓于先天元神中。

神者，示也，田也，上通天、下入地，立于田地之中也。中国传统文化，视精气神为修“性”与“命”，即性、命双修。

性即人性，德行与理性的统[illegible]。

命，生命。

有了精气神，则利于性命双修。

既要有一种内在，又要有一种外在，即身心健康。经过修养磨练，逐渐达到延长寿命，并提高生命质量。

生命时间——强调寿命长短；

生命质量——关注贡献大小；

生命素质——健康状况；

生活环境——人际关系。

总之，有生，才有命。

有了生命，才谈得到福、禄、寿、禧等。

如果说过去人们追求福禄寿禧纯粹是为个人，那么今天，在加入 WTO 后就要为国家为民族。无论事业与健康，都不单纯属于个人，有了精气神是为了搞好事业，报效祖国。

真·善·美

人的一生要追求至真、至善、至美。

真，真实，科学。

真实是人生的命脉，是一切价值的根基。

世界上的一切，没有比真实、真诚、真切更可贵更可爱的了。

善，善良，道德。善是讲人的内心、人的自律。善就是凭良心做事。

美：美好、美丽、审美。

美像真理一样，最朴实，最有光辉，最有魅力。美的事物，给人以永恒的喜悦。

十全十美是上天的尺度，而努力实现十全十美这种愿望，则是人类的尺度。

爱因斯坦说：“有些理想为我们指引过道路，并不断给我们新的勇气以欣然面对人生。那些理想就是真善美。”

我主张：求真求善又求美，立德立言再立功。

上边，我是在解题，也是我这次演讲的总体思考。下面从当前形势着眼，谈谈为什么会有这样的总体思考。

从国际来讲：一则中国加入 WTO，二则美国遭遇“9·11”恐怖袭击事件。

这些都在影响着人们的思想，涉及政治、经济、文化、军事等，当然也会涉及教育。

最近找我们的人很多：

前世界拳王霍利菲尔德愿与我们合作；孙中山先生的孙子孙治平、曾孙孙国雄、孙必达先生来了，和我们座谈；新加坡著名人士朱炳权先生来了；日本道德学会会长小野健知教授约我们到日本演讲；韩国书画家李锺得先生愿与我们合作……

中国需要 WTO，WTO 更需要中国。

我们需要全球化，全球化也需要我们。

在国际风云变幻中，得道多助。我们不仅要看到自己的不足，也要看到自身的优势。

另外，最近我还介入了两件大事：

一，由新华社、半月谈杂志社评选“全国政工十佳”，我再次担任评委，我任评委已经 10 年了。这次评选工作强调与时俱进，着力研究思想政治工作如何适应新形势。

二，举办了全国教育工作论坛，并选出 10 位先进教师，经培训后，到全国各地演讲。这次推出的 10 位教师，大多数是校长，分别来自上海、北京、重庆、吉林、济宁等地，他们业绩各有千秋，这次演讲重在讲素质教育与更新观念。

通过对“政工十佳”、“教育十佳”的评选，我发现他们的报告各有特色，但也有共性，主要特点如下：

立意高远，目标明确，信念坚定，论述严谨，与时俱进，善于创造，善于突破，勇于开拓，锐意改革……

培根讲过这样一段话：

“历史是川流不息的，若不能因时变事，而顽固地恪守旧俗，这本身就是致乱之源。”

翻开近几年的报刊杂志，我们会发现频率最多的词汇，似乎就是“素质”与“创造”。

江泽民同志这几年一再强调向心力、凝聚力、战斗力、创造力，特别强调“创新是民族之魂”。创新，是人类进步的不竭动力。

科学技术日新月异，物质生活的极大丰富，精神财富的日益增多，都源于人类的创造与创新。

➲ 创造·智慧·教育

我今天先从人与创造说起：

人与动物的区别标志是什么？考古学家认为是使用工具，哲学家认为是劳动，文学家认为是语言文化，生理学家认为是大脑，心理学家认为是智慧。

人之为人的标志是能够进行智慧的创造。工具是人创造的，人的劳动，是创造性表现的具体形式；语言文化是创造的结果；智能的最高层次是创造力。正因为人能创造，所以成为万物之灵。

人之所以成为地球村的主人，根本在于人类思维的发达。

论躯体，人比不过鲸鱼；论力气，人远不如大象；论灵性，人不如猴子；论游泳，人不如鱼；论奔跑，人不如马；论飞翔，人又不如鹰。

然而因为人能创造，却可以成为万物之灵。

创造的前提是人类独有的智慧，智慧的前提是必须有相应的素质。

雪莱曾问自己的学生："什么叫大学？"答："大学是智慧。"

大学之所以为大学，不在于有大楼，而在于有大师；大师不在书多，而在于有智慧。

有人问爱因斯坦什么是科学？他回答："科学是智慧。"

如查什么是哲学，查到古希腊语原始含意，它会告诉你哲学也是智慧。

今天研究教育改革，正是需要不断地培养青少年的智慧。

人之所以到矿山中去淘金，是由于人有对物质利益的渴望。

人之所以需要智慧，是因为人希望自己活得明智一些，活得幸福一些。

在国际交往之中弱国无外交，在竞争中智者胜。

没有智慧的人生是愚昧的人生，没有智慧的人内心一定是黑暗的。

智慧是人类生存所必需的生命功能。

柏拉图讲："智慧是使人完善化。"

智慧，不是先天的，它需要后天的培养。而学校、老师、校长，就是为明天开发民族智慧的人。

校长，应成为新时期具有创造性思维的教育艺术家。

我经常想：当了校长，不一定就是教育家。当了局长，也不一定就是教育家。

教育家应当有理论、有实践、有业绩、有升华。他们的理论、思想与实践，对教育事业，应该有普遍指导意义。

一个教育家首先应有好的教育理念，或者说要有科学的教育理论。

第二要创办过学校。

第三要担任过校长或教导主任，经常从全局思考教育改革。

第四要亲自当过教师，在课堂上认认真真教过书。

第五要亲自当过班主任，在学校、家庭、社会之间发挥过枢纽的作用。

第六能不断地进行总结与升华，真正做到苟日新，日日新，又日新。因为教育事业是动态事业，是属于未来的科学，也是属于未来的艺术。

教育家必须有帮助群众提高素质的智慧，而且一定要懂得教育艺术。

前苏联教育家苏霍姆林斯基天天实践，天天调查，天天写日记，天天回答学生的问题，年年进行总结，一生写下几十本教育实践笔记、几十种教育论著，引导学生走向成功与智慧。苏霍姆林斯基堪称教育艺术家，我们和他相比，条件比他那时好很多，理应做得更加出色。我们要站在巨人肩上进行思考。

要想前人所未想，要爱学生之所爱，要研究社会之所急，要研究明日之所需。

总之，要能超越自我，超越历史，超越现实，要跟上时代潮流。为了要跟上教育潮流，一定要不断更新理念，成为师生教与学的先导，使我们的教育具有先导性、基础性、全面性、战略性。

为了落实这些理念，更需要强调教育的艺术性。

形成领导艺术，

形成管理艺术，

形成科研艺术，

形成教学艺术。

人创造了伟大的艺术，伟大的艺术又创造了全新意义上的人。

人创造了伟大的教育艺术，伟大的教育艺术必将增进人的智慧，塑造人美好的灵魂。

选择一个制高点——当前时代的高度；

选准一个突破点——认真研究创造创新与素质教育；

强化一个兴奋点——抓住成功与智慧；

形成一个更新点——使教育科学逐步上升为教育艺术。

我这一生中，在教育战线干过如下一些工作：

头些年研究过胎教，20 世纪 50 年代研究过学龄前教育，后来教过小学生、中学生、大学生，又教过研究生、留学生。在首都北京，在中南海、中国科学院、中国社会科学院分别做过演讲。还办起了全国第一所民办大学——北京自修大学，进行成人教育；我还多次到少管所、工读学校演讲。近年，又有人和我切磋开展临终前的关怀与教育。

另外我在海外调查过终身教育、周末大学、远程大学、空中大学、电视大学、假日大学、函授大学、社区大学，还到过耶鲁、哈佛、牛津、剑桥、新老鲁文、莱顿等大学及研究生院进行过参观或调查。

我从多方面受到启示，并形成了自己独特的综合教育理念。

在广泛的实践中我体会到：

要想当好校长、教师，不当教书匠，不去培养书呆子，必须首先提高自身素质。

要想提高学生的素质，

首先要提高教师素质。

要想提高教师素质，

首先要提高校长的素质。

从根本上来说，就是要强化德、识、才、学、艺、体。

这六项缺一不可。这里不一一阐发，请参阅拙作《塑造美的心灵》，其中有较详细的论述，该书已发行 650 万册。

另外我还想提出，在加入 WTO 以后校长要有六种修养：

一、正确处理国际、国内的关系，把建设好祖国作为理念的基准。

二、正确处理为公为私的关系，把立党为公作为党性的核心。

三、正确处理一时与一世的关系，把正直无邪作为自律的基点。

四、正确处理修德与谋才的关系，把道德高尚作为修养的前提。

五、正确处理做人与为官的关系，把理想信念作为精神的支柱。

六、正确处理素质与考试的关系，把提高素质作为办学的方向。

总之，每个人要有好的素质与气质。我在这里想说：当官是一时的，有学问是会过时的，有姿色也会年老色衰的。只有德、识、才、学、艺、体才是最宝贵的财富，才可使人永葆青春，这些人所创造的业绩才是恒久的。

谈到成功智慧，实质上是讲如何使自己更聪明。

优胜劣汰，是大自然的规律，也是人类社会发展的规律。

落后，就要挨打。

落后，就要受气。

落后，就要受欺负。

落后，就要罚出球场。

落后，就要被开除“球籍”。

如何增长智慧？从当前知识分子来讲，就要研究如何改变思维，改进思维。

智慧的提升，实质上是一个思维方式的提升。

智慧的转变，实质上是思维方式的转变。

思维方式的转变，当然是以实践方式（如生产方式、生活方式、交往方式、斗争方式）为推动力，这只是在“最终”的意义上才是正确的人类进化的逻辑，恰恰是这样，思维方式变革引起实践方式的改变，这或许是作为“思维动物”的人类特有的规律。

思维方式的转变，要靠智者的引发；思维方式的培育，需要高明的教师的开掘。教育工作者要善于开发学生的智慧。

第一，我们认为教育事业的改革，对受教育者而言需要提高感知力，强化记忆力，形成判断力，增强感悟力，进而形成联想力，逐步培养创造力。

第二，在教与学的过程急需研究以下六对矛盾：左脑与右脑、智商与情商、抽象思维与形象思维、静态与动态、已知与未知、现实主义与浪漫主义。

这六对矛盾，不仅能互动，并且能递进、联动。

通过上述两个方面，既减负，又增效，才能做到事半功倍，使师生变得更加聪明、智慧，敢于迎接新的挑战。可是目前还有些值得重视的情况，未能引起重视，现介绍两封来信：

一个中学生来信说：

听了您的报告，我们都十分高兴，您真是我们的大朋友。我非常渴望老师都能像您那样理解我们。

“青年是我师，我是青年友。

学生是我师，我是学生友。”

我从幼儿园到小学、中学，第一次从老师那里听到这种美好的语言。

我们班主任，如同警察，天天盯着我们，老让我们紧张。

他说：“我的耳朵特别灵，眼睛特别尖，你们一举一动都逃不出我如来佛的手掌心，你们在我这班上就得老实点。我教了十几年书，把学生的心理早摸透了，别跟我玩猫腻，我治人的方法有的是，一招比一招损，有不怕死的就试试……”

我们中学生喜欢什么样的老师？好的老师应当是有学识、有品格、有风度、有智慧的老师。他们睿智、幽默、风趣，待人以诚，与人平等，和学生打成一片，师生之间能互相理解，能和学生融为一体，对学生没偏见，绝不伤害学生的自尊心，上课不照本宣科，不生搬硬套。

可是我遇到的这种老师比较少，所以我们前些天已决定举行一次中华全国坏老师选拔锦标赛。

亏了您来了，否则，我们真要开赛了。我们班的班主任可能要名列前茅。

听了您的报告，我们懂得了其实每个老师都是为我们好。

可是他们为什么不好好研究一下教育艺术呢？为什么不讲讲学生是我师，我是学生友呢？

一位首都师大毕业生来信说：

我从首都师大毕业后，来到中学，教了两年书之后，我才真正体会到听您的课没白听，选修教育艺术、演讲美学，没白选，真有用，真解渴。

和我们一块毕业的同学讲：我们在系里学到不少知识，如果没有学教育艺术就不会教；学到不少政治理论，如果没有学演讲美学就不会讲。正因为我们学习了这两门课，就形成了我们首都师大毕业生一大特色。

我们掌握了这两门课之后，如虎添翼，在讲课时，游刃有余，学生学变成美的享受，老师讲也是美的享受。

首都师范大学的特色就是使教育上升为科学，再上升为艺术，这一点我们得天独厚。

希望您继续帮助我们，《教育艺术》杂志我们每期都读，特别希望读到青年教育艺术研究所老师们的文章。

另外，我再介绍一些先进教师对加入 WTO 后教学观念如何更新的思考：

一、教与学的过程，不在于学生对教师多么礼貌，而在于师生之间能否互相尊重，共同追求真理与智慧。吾爱吾师，吾尤爱真理。

二、教与学之间不在于掌握了多少知识点，而在于共同提出多少新问题，时时有求知渴望，时时提出为什么。提出问题往往比解决问题更重要。

三、教与学的过程，师生之间不在于死记硬背了多少条文与公式，而在于创造出共同参与和自由表达的机会。

四、教与学的过程，不在于留了多少作业，而在于学生在与教师的共同探讨中，是否能产生强烈的好奇与兴趣。形成好奇心，探求欲，创新欲，教学才能有实效。

五、在教与学的过程中，不在于老师给学生“填鸭”多少，灌输多少，而在于师生之间在相互切磋中，不断地形成是与非的判断力，弄清什么是真善美，什么是假恶丑。

六、在教与学的过程中，最重要的不在于对某些权威的信任度，而在于师生间不受权威的制约，强化自信力。

七、在教与学的过程中，师生间不在于了解并掌握社会与自然哪些现象，而在于认清了社会与自然的法则与规律。

八、在教与学的过程中，不在于用了多少时间，而在于是否形成了教与学的美的享受，逐步地增进着彼此的智慧。

总之，加入WTO，既是引狼入室，也是与狼共舞；既要不违反国际游戏规则，又要善于斗争博弈，争取胜利。这时我们的教育就不只是简单增加几种常识，掌握几项定理，也不只是掌握几种方法，而是需要不断地增加学生的智慧。

凡不重视智慧的民族，是注定要灭亡的民族。

一个善于创造的民族，才是有智慧的民族，才是有发展前途的民族。

这些，都启发我们要全面提高教与学的质量，进而培养一批有高智慧并有创造力的全面发展的四有新人。具体怎么办？我主要讲以下几个方面：

教育的目的是为了不教育。

有意识地进行无意识的教育。

使学生成为教与学的主人，充分调动学生的学习积极性。

要在有限时间中，形成研究性的教学。使学生主动地学，既学得已知，更能掌握未知。

校长领导教师进行研究性教学及创造性教学。

今天，我想从小外孙女的教育入手，谈六个力度，这样讲可能做到深入浅出。

一次，我带两岁的外孙女小京京在校园散步，一位老教授问她：为什么还没上幼儿园？

答：我还没学历哪！

问：你有什么？

答：我就有点学问。

问：长大了想干什么？

答：攻一回博士后。

从这个问答中，可以感到一个孩子的成长，需要创造一个环境。“孟母三迁”为了创造环境，今后我们校长、老师也应考虑为学生营造一个好环境。

又一次，一位女同志和一位男同志到我家，小京京一边送水，一边对客人说：

Wonderful——“真棒！”

Beautiful——“真漂亮！”

学外语不仅要有一个语言环境，还要会听，会说。要有感知力、记忆力，并要有判断力、联想力及创造力。

一次，一位研究《易经》的老先生和我聊《易经》，小京京问这位老先生：“您懂《易经》吗？您不懂我告诉您，《易经》有三个方面：

“一变易，

二不易，

三简易。

春夏秋冬是变化变易。

客观规律是不变的。

懂得了规律就简单了。”

这个问答体现了孩子的一种勇气与自信，敢于在长者面前发表意见。

又一次，日本朋友让我写反核战争的书法条幅，要在日本东京展出。我写了“和平”二字，没写好，我给团了，扔在地板上，小京京走过来说：“外公，您真浪费。”

她拿起毛笔在宣纸上写了“和平”二字，一个从来没用过毛笔、没用过宣纸、没写过一个毛笔字的孩子，竟然用一张4尺宣纸写了“和平”，我很高兴，马上用傻瓜照相机拍了一张照片，将书法、照片一同寄到日本。过了不久，来了两位日本朋友，住在前门饭店，约见小京京，证明情况属实，她写的“和平”二字很快就在日本展出。又过了些天，我收到日本朋友来信，信中说：

“小京京的书法，在日本产生的影响比七十岁李先生的书法影响大！”

通过这些小例子可以证明，孩子们的智慧在不断提高。

我认为，要创造一个好的学习环境，这个环境要利于孩子开扩视野。

在日常生活中，要不断地提高他们的感知力，让他们从感性到理性，不断提高，形成一种悟性及灵性。

要让他们联系实际，举一反三。

对他们一点点地进步都肯定，进行赏识教育。

要充分调动他们学习的积极性，让他们成为学习的主人。

为了使学生逐步强化上述6个力度，教师必须在教学中增强以下6性：

1、科学性，讲课不能违反科学，不能违背客观规律。

2、时代性，讲课要跟上时代，要走在时代前边。

3、实用性，让学生感到有用，要理论联系实际，为我所用。

4、哲理性，要善于形成哲理，让学生感到今日可用，明天后天仍可用。

5、艺术性，要有艺术性，必须进行创造，从内容的讲述，到课程的设计，都要不断创新。

6、强磁性，要有很强的魅力，要有吸引力、感染力、感动力、感召力，必须形成独特的魅力。

善助人者固其本，

善理疾者绝其源。

为了解决一些新问题，固然需要新思路、新办法，但几千年中形成的哲理，有些是放之四海而皆准的恒久的道理，所以，目前不少国家如美国、英国、日本、韩国、新加坡、马来西亚一些有识之士，经常研读中国元典性古籍如老子的《道德经》、孔子的《论语》以及孙子的《孙子兵法》，还有《黄帝内经》、《易经》，甚至《三国演义》。这些中国古代的经典之作都包含着恒久的哲理。

比如《黄帝内经》强调医生要：

上穷天纪
下极地理
远取诸物
近取诸身

张仲景讲："博览群书，广采众方。"

孙思邈讲："弱冠善读庄老及百家之书。"

张景岳讲："学医必先学易。"

一些政治家、教育家、医学家都十分重视：

"究天人之际，

通古今之变，

成一家之言。”

这些思路，绝非引导人们钻入故纸堆中，而是希望大家在研究学问时走正路，不走邪路；走活路，莫走死路。

最近，国家教育部为了尽快为中国学生“开辟一个顺畅快捷的出国留学绿色通道和留学生直通车”，请来25个国家和地区的180所学校到中国展示，包括英国、美国、法国、澳大利亚、加拿大、芬兰、泰国、韩国、新加坡、瑞典……这次外国教育展的确是规模很大，名校云集，内容丰富，可以说五花八门，令人眼花缭乱。

不仅如此，在我国加入WTO后还有些外国学校，也将到中国大陆办中外合资学校。不少外企都抢先在办各种培训班。

我们怎么办？我们必须再三强调以下三点：

既要坚持原则，又不要僵化。

既要坚持改革开放，又不能自由化。

既要坚持正面宣传教育，又不能简单化。

这对中国教育工作者来讲，是一次考验：对教育局领导，对校长、教师也是一种考验。

这些年，我接触过的先进人物都在自觉不自觉地实践着这些成功的理念。

1. 左脑与右脑

人有左脑，也有右脑，而中国人受科举考试、应试教育的影响，往往只用左脑，不用右脑，或不善于用右脑。

左脑，管推理判断。

右脑，管艺术思维。

西方人士讲：“人的右脑信息储备量大于左脑10倍。”

在德国汉堡大学，一位教授问：“您晓得我们德国人为什么诺贝尔奖获得者多？”

他自问自答：因为德国音乐家多。

为什么音乐家多？因为德国诗人多。

为什么诗人多？因为德国哲学家多。

为什么哲学家多？因为德国教育家多。

他告诉我，真正有作为的日尔曼民族，很懂得用右脑。

2. 智商与情商

人有智商，已是人所共识；人有情商，但认真研究情商作用者并不多。

纵观人类历史，凡是成就伟大事业的人，在成功的关键时刻，往往是在智商基础上，使情商发挥作用。

如伟大爱国主义者屈原因为与统治者产生了尖锐的矛盾，遭遇了巨大的不幸，所以写下了《离骚》。

司马迁因被处宫刑，发愤写下《史记》。

又如岳飞写《满江红》，文天祥写《正气歌》，爱迪生发明电灯……

人们在创造、创新时，必有相应的感情因素。因为热爱是最好的老师。

在法国里昂，有一位百岁老人，有一天他把儿孙找到身边，告诉他们，一个人只有理性思考是不够的，还要有对人类的热爱，对他人的关心、关爱、关怀。他说：

“我这一生中，为了自己不犯任何错误，所以一直谨小慎微，这一生的确没犯过任何错误，但对人类也没有做出任何突出贡献。

我现在100岁了，我意识到来日无多，基于良心、良知、良能，我真诚地向上帝说：‘如果上帝能给我第二次生命，我一定要勇于创造锐意改革，宁肯犯错误，也不再做什么完人，这是我的忏悔，也是留给儿孙的遗嘱。”

3. 抽象思维与形象思维

过去为了应付考试，青年人几乎只能推理判断，死记硬背。我在美国访问时，与耶鲁、哈佛等研究生院的领导座谈，他们讲：

“中国学生很聪明，很会考试，但创造思维较差，动手能力也差，解决实际问题能力更差。”

“中国留学生比较适于当教授，特别是单一学科的教授，因为他们缺乏灵感思维。”

一句话几种说法，一件事多种做法，绝不能形而上学，更不能死记硬背。我在法国听到拿破仑的故事。

“拿破仑之所以伟大，因为他使法国长治久安，他的伟大不在武功，而在文治。”

“他善于使法、德、美相结合。”

他懂法，制定了拿破仑法典，在法国书刊上经常看到有拿破仑手持法典的画像。

他懂得要讲道理。人们说他在基督教地区，似乎是基督徒；在伊斯兰地区，似乎又是穆斯林，他借助各种宗教戒律调节社会矛盾。

他特别重视美，重视艺术。战争一结束，他就修缮卢浮宫、凡尔赛宫。

他说，应该通过艺术的教育，使人形成创造性思维。

4. 已知与未知

梁启超先生为中国第一届第一班研究生上课时就强调："善观者，观滴水可以知大海，观一指可以知全身，不以其已知蔽其所未知，却以其已知推及所未知，是谓慧观。"

新时期的校长要有 6 种能力：

观察能力、咨询能力、疏导能力、交往能力、开拓能力、表达能力，总之要有各种适应能力。

5. 静态与动态

我主张把教与学、动态与静态统一起来，举例：

如我讲鸡之五德到八德：首先讲鸡有五德：首戴冠文也，足搏距武也，遇敌敢斗勇也，见食相呼仁也，守夜不失时信也。

进而讲到，今日在社会主义市场经济条件下，应该学习鸡的八德：

（1）公鸡报晓，从不误时。我们搞市场经济，履行合同也要守时。

（2）鸡总是自己寻食，我们要学鸡自己找市场。

（3）鸡会拼搏，竞争得非常厉害，我们应该提倡优胜劣汰的精神。

（4）老母鸡下蛋，孵小鸡，一孵一大群，搞公司就要像母鸡下蛋孵小鸡一样，发展起来就是一大群，就是集团公司。

（5）鸡会飞，虽然飞得不高，但是在争取属于自己更高的时空。做生意，搞公司，要开拓自己广阔的空间，使生意越做越红火。

（6）鸡很美，红红的鸡冠，丰满的羽毛，鲜艳的色彩，鸡肉味道其美无比。企业、事业也要搞得人人称美。

（7）养鸡投入少，产出多。做生意也应该这样。

（8）鸡就是鸡，从来不说自己是凤凰，我们办公司做买卖，也要实事求是。

我在演讲中经常送给大家这样一些书法条幅，每次都会产生共鸣与共振：

龙：池鱼不知海，飞龙上九天。

小龙：池鱼不知海，小龙也上天。

马：一马当先，万马奔腾。

牛：喜牛爱牛从来不吹牛，学牛效牛甘为孺子牛。

我们的语言应该使人的思想动起来，形成诗的哲理，哲理的诗。

我还把政治理论变成恒久性的哲理，引发听众深思：

远望方觉风浪小，
凌空乃知海波平。

山阻石拦大江毕竟东流去，
雪辱霜欺梅花依旧向阳开。

宠辱不惊看庭前花开叶落，
去留无意望碧空风卷云舒。

千江有水千江月，
万里无云万里晴。

品若梅花香在骨，
人如秋水玉为神。

能经磨难是好汉，
不遭人嫉是庸才。

6. 现实主义与浪漫主义

中国人过去、现在往往重现实主义，事事讲实惠，缺乏浪漫主义、理想主义。

语文教材背得滚瓜烂熟，却写不出好文章。

数理化定理公式一个不漏，但却不能创造发明。

技术要革新，教育也要革新。我们中国人一定要做到：人无我有，人有我新，人新我特。

古往今来在事业上、在学习上、在艺术上真正有成就的，往往是那些充满浪漫主义的人。

他们站得高，看得透，想得远。翻阅中国历史，我们会发现儒家适应循规蹈矩，道家则较为浪漫。中国的文学家中，如屈原、陶渊明、李白、曹雪芹、鲁迅等都深受老庄影响。

今天，我们也要强化浪漫主义，强化理想主义，进而强化革命的现实主义与革命的浪漫主义相结合。有了这种思路，教与学一定会有新的突破。

一次，我到清华大学为研究生演讲，那是我第 9 次进清华演讲，我告诉同学：今天，不是我有什么卖什么，是同学想吃什么，我做什么，同学提了两个问题：

学生：李老师请您讲讲泰坦尼克号。

老师：你看过《泰坦尼克号》这部电影吗？

学生：看过。

老师：花多少钱？

学生：80 元人民币。

老师：怎么样？

学生：真棒！

老师：好在哪里？

学生：谈恋爱。

老师：与莎士比亚剧本相比，哪个好些？

学生：不是一个等量级。

老师：好，不愧是清华研究生的回答。

老师：今天，和大家讲泰坦尼克号。第一不讲学问和理论，第二不讲艺术与电影，第三更不讲恋爱，我要讲讲思维与观念。

老师：请问泰坦尼克号是哪国的？

学生：美国的。

老师：岂有此理，泰坦尼克号本来是英国的，为什么说是美国的？泰坦尼克号沉在大西洋底下80年，一旦发现该怎么办？

不同类型的人，总会有不同类型的看法。

一次有中国人、法国人、俄国人、美国人在一起研究酒文化。有的歌颂威士忌，有的歌颂白兰地，有的歌颂伏特加，中国歌颂茅台，最后剩下美国，美国只有200多年历史，他没那么深的酒文化，但美国人很聪明，他把各种酒一兑，说这是美国式的鸡尾酒。

（鼓掌）

老师：我在世界走了许多国家，有的国家图腾是狗，有的是狼，有的是虎、豹，英美喜欢鹰。只有中国在五六千年前创造了一个图腾就是龙。

龙，是鹿角、马脸、牛眼、虾须、鱼鳞、蛇身、虎腿、鹰爪，这就是中国创造的龙。

（热烈鼓掌）

老师：不要小看美国人，美国人发现泰坦尼克号后，

第一、他不像卖破烂的，要捡点儿破烂，发个小洋财。

第二、他不像考古学教授，想带两个研究生，找点考古文物资料，写两本书，让自己学生将来也当个考古学教授。

第三、更不像那个女青年，想要那块宝石，戴在胸前，潇洒一回。

美国人既不要破烂，不要文物资料，也瞧不起那块宝石，而是开了一个小会，决定要拍一部电影。

大投入，大产出，大举措，大轰动，大收益，投入两点五亿美元，已赚回十六点五亿美元。

老师：今天我们通过泰坦尼克号，可以体会到：

这个艺术，是具有非生产生产特点的艺术。

这个艺术，是具有非经济经济价值的艺术。

这个艺术，也是具有非商品商品功能的艺术。

（热烈鼓掌）

老师：最近在波罗的海又发现沉在海底下的一艘大船，如果同学们发现了该怎么办。

学生：我们也写个泰坦尼克号。

老师：第一个写泰坦尼克号的是天才。

第二个写泰坦尼克号的是庸才。

第三个写泰坦尼克号的是蠢才。

如果中国的大学生、研究生都变成蠢才，中国还有什么希望？

凡是演讲家，都是思想家，而且一定要有一定的学问和生活阅历做基础，读万卷书，行万里路，识万般友，吃万般苦。

作家让字躺在纸上，给读者看；演讲家是让躺在纸上的书面语言站起来，走向听众。

一人之辩重于九鼎之宝，三寸之舌强于百万之师。

中外记者招待会上，朱镕基总理走到讲台上讲：

“不管前边是地雷阵，还是万丈深渊，我都将一往无前，义无反顾，鞠躬尽瘁，死而后已。”

言简意赅，一字千斤，铿锵有力，掷地有声。

这就是朱镕基！

你们的同学！

我们的总理。

以上两个例子，都是基于现实，又高于现实。

从实际出发，是现实主义。

又看到明天，是理想主义。

我们倡导的教育艺术，就是要引导人把现实主义与浪漫主义结合起来，使人增长智慧，走向成功。

只有使教育上升为艺术，才能给人以美感的享受，才有魅力。

教育者与被教育者，在复杂的教育、教学过程中，形成美的互动，展示美，向往美，使艺术的特性在教育中再现和统一。在这样的实践中，才能增加受教育者走向成功的智慧。

教育艺术是一切艺术之母，在艺术理论和美学并行发展中，教育艺术是二者联系沟通的桥梁。有了这个桥梁，才能使学生在审美水平上得到提高，本质是对自身素质要求的提高，有了这个提高，才更利于受教育者增进成功的智慧。

总之，我们要主动地创造这样一个环境，形成这样一个氛围：

在校园中，在国际竞争中，
每位师生，都追求真知，
奉献爱心，实现人生价值，
人人都享有一份爱，
人人都得到尊重，
人人都享有机会，
人人都有所追求，
人人都从竞争中体验欢乐与成功。

加入 WTO 后，我们必须考虑到《服务贸易总协定》分为十二大类，教育服务是其中一类，除政府彻底资助的教育活动外，凡带商业性的教育活动，所有协定签署国，都有权参与服务竞争。

我们必须用新的视角，审视加入 WTO 后全球背景下的教育。我们会看到：

1. 人才培养模式正在发生变化

新人才要有头脑更要有智慧。

要具备创新、创业、合作的才能。善于理解各种不同文化，善于参加国际事务。

2. 教育体系机构和体制也正在发生变化

加入 WTO 后受市场经济体系运行、高科技的发展、国际化程度的影响，办学投资、办学形式都会多元化。

3. 教育逐步有了产业化功能

加入 WTO 后，教育事业与教育产业，都会按照国际游戏规则运作。我们既要受政府政策法规的约束，又要受市场规律影响。要善于利用国际规则。

为此，在今后的教育事业中，我们要基于现实又高于现实。

既看到了机遇，又应看到挑战。对每个人来讲挑战多于机遇。

既要坚持社会主义的教育，又要使学生了解国际事务，适应国际人才需求。

既要提高教育质量，又要利于开发，占领教育市场。

总之，我们要在天地人当中，找到自己的坐标位，并形成独特的精气神，师生结合才有可能在教育事业中创造真善美。

当然，在前进路上还会遇到许多困难，但：只要这天空还有星星在闪烁，我们就不要害怕人生路上会有坎坷，让别人去做生活的骄子吧，我们的使命永远是开拓！

（渲讲稿，2002 年于上海）

点亮人生

第二章 李燕杰论演讲问答

高品质的沟通成就高品质的合作，成就高品质的团队，成就高品质的事业与生活。做小事靠自己，做大事靠团队。社会的大环境需要人们提高自己的表达能力、沟通能力和演说能力。

1. 您从什么时候开始演讲的？您是天生的演讲家吗？

答：我本来是一个很不善言谈的人。从小生长在文学之家，爱读书，爱写诗，不爱说话。遇到陌生人，十分腼腆。记得 18 岁进入大学学习时，连小组会上都不敢发言。后来，由于工作需要，在人群前讲话时也很紧张。在大学学习期间，我当了学生会主席，第一次发表就职演说的时候，一直紧张了几天，真希望上台演讲时停电，摸着黑去演讲，这样可以避免同学们看到我的窘态。但讲到半截，我突然发现自己讲得还不错，很有条理，很受欢迎。自此我才了解我多少还有一点潜在的演讲才能。后来，经过多年锻炼才成了演讲家。有人说，李燕杰是天生的演讲家，一下子就轰动了全国。我说，第一，我不是天生的演说家，第二，不是一下子轰动全国。我是一个不善于辞令的青年人，在实践过程中逐渐学会了演讲，并且在实践中坚持学习，不断改进，才做出一点成绩；是由于时代的需要，才在社会中产生了一定的影响。如果有些人自以为不善于演讲，请不要灰心，只要勤学苦练，就可以讲好！我就是一个从不会讲到会讲的例证。

2. 您作为改革开放后第一个走上社会，跨行业进行演讲的人，迄今（2007 年）已 30 载，在海内外产生了广泛的影响。您是否可以谈谈您当初是怎样想的？

答：我在 1977 年 1 月 25 日走上社会大讲台，迄今 30 载。当时我是这样想的，我作为教师，位卑未敢忘忧国，要以天下为己任；要提高人的思想道德素质，又要提高人的文化科学素质。所以，我一方面倡导办北京自修大学，一方面为广大青年演讲。从那时起，一发不可收拾，这些年在海内外共走了 482 个城市，演讲 100 多个题目，4000 余场，直接听众至少 400 万人次。青年听了演讲后专程来访者逾万余人，来信十五万余封……我的演讲集销售量达 650 万册。我为此感到自豪，感到骄傲，因为我在祖国十分困难的时候，为青年做了一件十分有意义的事，即进行铸魂育德的演讲，我也从中受到锻炼。

3. 您做了 4000 余场报告，收到十几万封来信，原因何在？有什么诀窍？

答：没什么诀窍。我认为赢得群众信任，关键在于一个“诚”字。因为你一个人在台上讲，一千人在台下听，也就是有两千只眼睛在看，两千只耳朵在听，你想说假话，想骗人，是不行的。一个演说家，首先要讲真话，讲实话，不能讲一句假话。俗话说："精诚所至，金石为开。"

记得我在美国遇到过一个大老板，他的房间里有一张中国的书法条幅，写着两个小篆，即"诚信"。

英国公关协会要求：传播信息应当真实、准确。

美国公关协会要求：应按高品位与真实无误为尺度。

尼日利亚公关协会要求：促进公众信息的沟通，并保证传播的真实可靠。

演讲家、公关人员工作目的在于说服群众，赢得群众。因此，必须真诚、真实，不得说假话，更不得哗众取宠去骗人。

为了推销伪劣产品，必须说假话；凡讲假话的人，必然是伪劣的人；伪劣的人，不可与其谋事。

4. 您到处演讲意义何在?

答：演讲，是一门学问，是一门艺术。演讲，也是一种事业。

演讲之所以成为学问，是因为中外古今有不少关于演讲的专门著作、专门研究学者，还有专门学科。

演讲之所以成为艺术，是因为好的演讲具有很强的审美价值。演讲要取得成功，和其他艺术一样，需要按照艺术规律进行创作，"美是艺术的生命"。

演讲之所以又是事业，因为在人类历史上，在不同地区、不同时间里，总要有一些人借助演讲，组织群众，宣传群众。演讲成为推动事业的一个重要组成部分。一个著名的演讲家，对他来说，演讲是一种事业，而不单纯是一种职业。他们有的把毕生精力都献给了演讲事业，鞠躬尽瘁，死而后已。

总之，演讲，是借助口头表达形式，面对群众进行讲述的一种活动；是演讲家宣传某些真理，宣扬某种主张，也是为了推动事业发展。在人类社会中，那些著名的大演讲家，都被誉为人类"铸魂之师"。正确的演讲能起到净化灵魂的作用，起到启迪心智的作用，是一种推动人类社会进步的力量。

5. 当您站在讲台上听到全场报以热烈掌声时，您在想什么?

答：首先应想到听众是上帝，什么时候自己有点飘飘然时，那必然是落后的开始。记得有位老朋友在诗中写道：

“在舞台中央，

有人想到：

一丝不苟；

有人却想到：

唯我独尊。”

我们要的是一丝不苟，谦虚谨慎，决不能唯我独尊，忘乎所以。要了解掌声中有些属于人们对你的赞扬，有些仅是出于礼节。

6. 您对演讲很热爱，很执著，似乎有一种无限的爱，对吗？

答：是的，我爱演讲，是因为我爱教育艺术；我爱教育艺术是因为我爱青年，爱人类，爱未来。给是爱，取不是爱，我演讲是给，不是取。

我很欣赏三毛这句话：

“爱情不一定人对人，人对工作狂爱起来，是有可能移情到物上去的。所谓万物有灵的那份吸引力，不一定发生在同类身上。”

我为给青年演讲，为了教育艺术废寝忘食，呕心沥血，这无疑是一种爱。

7. 您为什么如此热衷于演讲？为什么经久不衰永葆青春？

答：永葆青春，恐怕做不到，这只能是一种祝愿，只能是一种理想。

我经常在想，人处大千世界，总应当有点理想，或说应该有一个世界观，以便从整体上把握宇宙和人生，克服无所适从的彷徨情绪。为了获得更多价值，在宇宙时空中多做一些大事、好事，有一份热发一份光，有一份热发千百份光。为此，我选择了演讲这个事业，或说演讲事业选择了我。当我明白了演讲事业在于弘扬真善美以后，就进一步确定了：这些就是我的光我的热、我的卡路里，我要让它释放更大的能量。

记得李白曾讲“天地者，万物之逆旅，光阴者，万代之过客”。人们在这样的伟大时空中，总希望找一个永恒的岩石，变短暂为不朽。我选择了演讲，就可以把自己的所知、所感、所爱传导给别人，使自己所感受的真善美变为听众的所感，并在听众中变为不朽、变为永恒。这一理想使我乐观、幸福，并有青春常葆的渴望。

8. 我们在书摊上买到一些关于演讲的书，读完之后，似乎没多大用，仔细研究，似乎都是写作老师写的作文方法，你认为我的看法对吗？

答：我也有同感。过去，一些演讲书很多是一些写作老师写的，他们虽有写好演讲学的良好愿望，但他们不演讲或演讲少，缺乏演讲的实践。可是他们常年教语文，教作文，自然而然就提到了主题、题材、情节、结构、语言、表达。书面语表达与口头表达确有相通、相近似之处，但有一条根本上的差异：一个是让文字躺在纸上，让人来读；一个是让躺在纸上的字站起来，走向听众，让人家听，当然也包括让人看。让人家看的文字，如能做到文从字顺，准确、鲜明、生动，也就算不错了；而想让人入座入耳，还必须由演讲家再创造、再加工，使之有声有形有色，使黑白变成彩色片，变为宽银幕立体声的影片。

9. 我们年轻人一上台就心慌，好像没有支点，心一慌，就语无伦次，您看怎么办？

答：年轻人初上讲台，有点心慌，是不可避免的，记得阿基米德曾说："给我一个支点，我可以撬动地球。"

这话讲的多好呀！一个初学演讲的人，一定要有自信心，这话我曾多次谈到。一个没有自信心的人，要取得好成绩，是几乎不可能的。我们要学习阿基米德的自信与激情，更要有着让人生"撬动地球"的憧憬。然而光有自信、激情和憧憬还是不够的，最关键的是找好人生的支点。

生命对于一个人来说只有一次，绝无二回。我们首先要找到人生的支柱，要懂得为什么活着，怎样做人，然后在演讲中才有立场、观点、方法，才会以不变应万变，才不会人云亦云。

10. 一个初学演讲的人，怎样战胜自卑情绪？

答：一个自卑的人，他一定缺乏自信力，没有自信力的人，干任何事情都不可能成功。同样，没有自信心的人，演讲也不可能成功。怎样克服自卑情绪呢？

第一、要不断地为自己"打气"，经常鼓励、提醒自己要强化自信力。说我行我就行，不行也行；说不行就不行，行也不行。自卑不行。

第二、研究自己有哪些强项，比如：语言流畅、口齿清晰、知识面宽，身材高大……多看看自己的优点，容易增强自信力。

第三、要怕失败，有了可能失败的精神准备和努力战胜失败的决心，就有可能成功。这也是战胜自卑的好办法。

第四、勤学苦练，笨鸟先飞。

第五、不怕批评，不讲泄气的话，气可鼓不可泄。

总之，只要努力，自卑心理是可以克服的。

11. 一次演讲，众口难调，怎么办？

答：一千个观众，就有一千个哈姆雷特。

在演讲中，演讲人、演讲内容、听众。在这三者之间，如何做到三适应并不容易。

演讲人与听众，听众与听众，各自生活在各自的时间、空间里，每个人的经历与知识乃至素质各不相同，在不同之中必然存在一定的距离。演讲人则如导演、作者、演员，如何把三者距离拉近，这就要有一个粘合力，要用内容、形式、语言，用各种艺术手段进行调节，不仅要缩短演讲人与听众的距离，而且要拉近听众与听众的距离，使他们能产生共鸣与共振。

我的经验是在演讲内容上下功夫，使传达与接收之间寻求一些更广阔的天地。演讲人讲的内容和听众理解的内容之间，必然有差异，差异之中必有空间，在其间增强寓意，同时还要引导听众在其间进行思考，把空间留给听众，让听众自己进行再创造。

演讲人，用语言形成沟通的桥梁。

使听众，在理解上，不断地联想与延伸。这也许可称之为演讲接受美学！

12. 请问您对真理如何理解？

答：我在演讲中，着力宣讲真善美，而“真”字，首要意义在讲真理，如何理解真理呢？

“真理是人们对客观事物及其规律的正确反映。”这是一种习惯的理解。

另外，人们还这样认为：

“真理乃是人类在其认识和实践过程中所获得的具有某种客观必然或规律和普遍可证性的肯定意义。”

不管对真理如何理解，我们在演讲中一定要使自己的言论接近真理，绝不讲假话和错话。我是在这样努力，但真正做到完全正确，还需要不断努力，也许盖棺也不能定论。

13. 您在演讲中，几乎无人递条子，这是为什么？您怎样看这种现象？

答：演讲有多种形式，有的演讲类似于课堂讨论，这种场合，不仅可以递条子，还可以举手提问，演讲人与听众之间进行面对面交流，无疑是好的，应当肯定，也应当欢迎。但要求一切演讲都提问，都递条子，就不一定妥当。提问、递条很容易打乱演讲者与听众思维系统性，对演讲是不利的。有人说，我在美国看的教育课上都允许学生中途打断讲课，你们演讲为什么做不到？

我认为，美国有美国的国情，美国有美国的情况。况且课堂教学与上万人演讲会情况不同，二者缺乏可比性。因此，我坚持大型演讲会还是不要打乱为好。因为一次长时间演讲，要有系统性、科学性、连贯性。教与学双方都不易打乱思路。

另外，一个有魅力的演讲，必然能把听众吸引住，引导听众聚精会神、全神贯注地听，听众怎能有精力去写条子呢？怎能有余力去提问呢？如果你在演讲，听众无休止地递条子，证明你的演讲缺乏凝聚力。

总之，办事要讲实效，演讲也要讲实效。

14. 您在演讲中多次强调要讲真话，不要讲假话。难道您一生之中就没有说过假话吗？

答：作为演讲家当然要说真话，不要讲假话，这是一个人做人的起码原则。

一个演讲家在台上讲一次假话，就会失信于听众。今后，即使讲真话，人家也不信了。

至于在生活中是否讲过假话，我的回答是肯定的。记得英国人文主义者阿谢姆说："在适当地方，说适当的谎话，比伤害人的真话要好得多。"比如一个人得了肺癌，你作为医生，是马上告诉他，造成精神上的紧张，加速死亡好呢？还是说谎话帮他治疗，增强他的自信心，争取治愈好呢？当然应该采取第二种方法。

15. 爱国主义，几乎成了您每次大型演讲中的重要内容，而且十分感人，请您说说其中奥秘。

答：在改革开放的30年中，我已演讲4000余场，凡是大型演讲，我都要强化爱国主义内容。但每次又都不相同，总会有点新意。如果每次都讲岳飞报国，可能人人也会说：这些我早知道了。如果说什么奥秘，那就是既研究一些大事，又不忽视一些小事，只要有利于爱国主义教育，都可以选用。

记得我曾讲这样一件事：

在开往八达岭的公路上，一辆豪华型旅游车的一位外宾问导游小姐："你将来是否要到美国定居？"

答："不愿意！"

问："为什么？"

答："我有父母爱人孩子啊！"

问："可以把家人都带去。"

答："可是，我能把所有同胞都带上吗？这也是我永远愿意生活在这片土地上的原因。"

接着，这位导游小姐又说：

"女士们、先生们，你们脚下这片土地哺育着一个伟大的民族。她虽然不丰腴，却给了我们刚强的筋骨、赤热的心胸。你们的国家曾出过一个英雄内森黑尔，他在刑场上曾说：'我再无遗憾，如果上帝给我第二条生命，我仍报效自己的祖国'……"

这是对话，也是演讲，我很欣赏她这一段台词。所以我曾在演讲中引用并加以赞扬。

16. 演讲是否有高下之分？您是不是在追求高雅的演讲？

答：我的演讲，基本上属于雅俗共赏一类。同时，我还主张要看对象，该高则高，该低则低。低的目的，是求得共鸣、共振、共识，绝不低俗，更不庸俗。当然，所谓高，也不是故弄玄虚，艰深难懂，而是实现一种理想与追求，或者说与听众共同探求并实现一种渴望。

曾经有人研究从 1901 年到 1991 年 80 次诺贝尔文学奖获奖的原因，进行综合考察，发现主要原因是：

一、表达了高尚理想和对真理的追求；

二、表达了对人类苦难的深切同情；

三、突出展示了人类精神困惑与危机；

四、表达了对人类未来的极大担忧；

五、反映了民族的历史命运，进而关注着人类的共同性问题。

我看到这个报告很高兴，这五条给我以启示。要做一个好的演说家不也如此么？一个演说家，要给人以美的享受，但绝不能停留在听众哈哈一乐上，而是在精神上有所升华。那种无聊的游戏文字，卖弄噱头，我是不赞成的。

17. 您走上讲台时，有什么独特的思考？

答：我认为演讲者走上讲台之后，要有这样的自我要求，有状态，有神韵，有意境。

要有演讲家庄重而又谦逊的状态。

要有艺术家美妙而又质朴的神韵。

要有诗人深邃而又引人入胜的意境。

进而，要形成个人风格，独特的魅力，包括自己的语言、声调、手势、情态，都要认真思考。

要真！使真走近听众的心灵！

要善！使善走近听众的心灵！

要美！使美贴近听众的心灵！

还要使这上述三者互动、互补，形成一种演讲的美学，铸魂的艺术。

总之，不是高高在上，不是哗众取宠，不是华而不实，要实而美，美而真，真而善，要出神入化，要不同凡响！

18. 您在演讲中为什么一再强调要用右脑？

答：人有左脑，人也有右脑，可是咱们中国人受科举考试、应试教育的影响，往往只会用左脑。

西方人讲：右脑信息储备量，是左脑的10万倍。右脑的记忆力是左脑的100万倍。

经过研究我们已经发现一个人如善于用右脑。就会：利于记忆，利于创新，如果有病，还利于治病。如心脏病、高血压、糖尿病……

多动用右脑，可以在情商中掌握自己的情绪，是利于心理健康的重要措施。

一个演讲家，要想使演讲生动，需要既用左脑又用右脑，要使二者互动。

据了解，一些人常用左手写字、拿东西，则利于开发右脑，因为左手是被右脑支配的。

世界名人中，用左手的人，有许多。如马奇顿、亚历山大、米开朗琪罗、达·芬奇、贝多芬、爱因斯坦、卡斯特罗、卓别林、鲍布迪仑、罗伯特、克林顿，连周恩来总理，因右臂受伤，也在用左手打招呼……

为此，我主张尽量用右脑，使左脑、右脑互动。

19. 您在演讲中，口若悬河，滔滔不绝，又不带稿子，您不怕失言吗?

答：怕。谁能不怕失言呢？为了不失言，在平时就要认真思考，比如遇到问题时，就要想想如何回答这个问题。因为演讲和写文章不同，写文章，写的过程出现错误，还可以修改；演讲则不能边讲边修改。有人讲：

“人生就像一盘棋，每一着都要细细考虑，因为‘落子无悔’。”

演讲也是一盘棋，每一句话都要细细考虑，演讲也是“出言无悔”。为了不失言，就要不失误，要不失误，就要不失时机地学习。

20. 您在演讲中一再强调读书，书到底有多少？该读哪些?

答：书太多了！以中国为例，从西汉到清末，2000 年间，中国出书约 15 万～18 万种；从 1912－1949 年约 40 年间，出书约 10 万种，而今天包括大陆、台湾港澳等一年中的书，已经超过了前两阶段各自的总和。

要想从这么多的书中选出一些必读书，实在不容易，今后选书，只能仁者见仁，智者见智了。据大家分析，书可分以下几类：

(1)、学知识的书，如米饭、馒头。

(2)、启发思想的书，如高蛋白。

(3)、辅助性的书，如水果。

(4)、消遣性的书，如甜点零食。

这种分法挺有味道，演讲家要从众多书中选择自己需要的书读，我认为这四种都需要，缺一不可。每个人情况不同，只有根据自己的需要进行选择。我主张多买工具书，利于查寻（网络搜寻也是一种十分有效的方法），多看直接有用的书，利于演讲，还可读些报刊杂志，不断充实新内容，扩大信息量。以使演讲在信息层面上有广度，有高度，有深度，有厚度……

21. 听说您在欧洲，55 天到了 53 个城市，做了 54 场报告，内容与形式都不尽相同。对吗?

答：对。那次欧洲之行，是作为中央慰问团成员去看望海外留学生。各国情况不同，各校情况各异，所以我必须以不变应万变，即演讲主题内容不变，但每到一国、一城、一校，总要因地制宜，因人制宜。在牛津讲的和在剑桥讲的当然不能完全一样，昨天讲的与今天讲的也应有所不同，变中有不变，不变中有变。

总之，斗转星移，风驰电掣，人世兴衰，草木荣枯，都在变。即：天若有情天亦老，人间正道是沧桑。演讲应当永远是动态的结构。

22. 您在演讲中曾经谈到过比尔·盖茨，在您讲到他的财富时，您采取了一种独特的手法，给人留下的印象十分深刻，您是怎样讲的？怎样想的？

答：在演讲中用数字，太抽象，所以我尽量让它形象化，一次从国外资料中，看到下述材料，在引用时给人印象颇深，所以在后来的演讲中引用过几次——

要想将这个微软创始人的财富概念化，实在是十分困难的。于是，有人在网上想出许多计算他的财富的方法。

一、盖茨每秒钟赚 250 美元，即每天赚 2000 万美元，一年赚 78 亿美元。

二、假如盖茨掉了 100 美元，他才懒得去捡，因为他弯腰去捡钱花 4 秒钟时间，这 4 秒钟，他已赚回了 1000 美元。

二、如果盖茨愿意，他可以将自己的钱送给地球上的每一位居民 15 美元，到头来，他还可以给自己留下 500 万美元零用钱。

四、假如盖茨是一个国家，那他将是世界上第 37 个最富有的国家。

五、如果把盖茨的钱换成面值 1 美元的钱币，可以建造一条路，连接地球与月球，可以来回 14 次。

六、盖茨今年 45 岁，假如再活 35 年，他必须每天花 678 万美元，才能在上天堂前花完所有的钱。

七、如果微软视窗的用户，每次在电脑上开机的时间，可以向盖茨索赔 1 美元，盖茨将在 3 年内破产。

他是 20 世纪最大的“创新者”，他把电脑操作的软件引入到电脑中，使在全球普及个人电脑成为可能。

比尔·盖茨的创新意识极强。他说：“我们离破产只有十八个月。为了使他的‘视窗’不被历史淘汰，在一年半的时间内就必须把他的产品升级一次。”

他的财富，是靠他的创新精神换来的。

我们这样讲比尔·盖茨，讲他的业绩既形象又具体，还深刻。

23. 您在演讲中，经常涉及到《易经》，这为什么？

答：易者，易也，变也。它是中华民族元典文化，是众经之首，它讲变易，不易，简易，与各行各业都是相通的。

欧洲近代学者捷恩在《易经》中发现现代量子物理学的相通之处。德国哲学家莱布尼茨在《易经》中证实了自己的二元算术理论；现代生物学家申伯格用首次发现的64个遗传密码与《易经》的六十四卦一一对应。从中可以看到中外古今的道理都有相通之处，好的学问就是要变通地看问题。

我在演讲中经常有意或无意地借助易学道理说明现实生活中的现象，群众反映，这样讲有辩证思想，可以立于不败之地，为此，我经常在演讲中涉及《易经》。

24. 我发现您在演讲中经常引用《易经》中的哲理思辨，为什么？

答：这很简单。我自幼从家父及伯父尚节之先生那里，经常听到他们讲《易经》，而且通俗易懂，言简意明，所以，我自幼在心中打下了深深的烙印，在演讲时，这些哲理经常自己跳了出来。

究其原因：

一学、二习、三熏、四悟、五创、六化，同时学与习，并熏陶渐染，潜移默化，进而达到悟性，然后自己去创造，并使之用得得体，最后达到出神入化。

这是其一，其二，我对易学是这样理解的。所谓易学至少在以下六个方面给我以启示。或说是在六种学问上给我以启迪。

一、人学，以人为本，古人从需要出发，研究变易、不易、简易的道理。

二、实学，从实际出发，实事求是，求实而不求虚。

三、和学，讲天地，讲男女，既讲区别，又讲和合，和为贵么。

四、美学，为了一切达到美与善，古人从人品到审美，提出一系列的哲思，启示后人。

五、智学，研究规律，研究前途，研究处事为人等形成智慧与谋略。

六、哲学，哲学就是爱智慧，而易学给人以大智大慧，因为它从文化本元上思考问题，所以它不仅利于古人，也利于今人，不仅中国人有用，外国人也有用。

为此，我在演讲中经常体现一些易学哲思。

德国诗人海涅说："谁一生中未当过傻瓜，谁就永远成不了聪明人。"

25. 在遇到困难时，人多沮丧，可您却精神百倍，为什么？

答：这里包容着一个人生观、世界观的问题，也就是怎样看世界，如何看人生，如何看困难。

比如到了秋天，人们容易有一种悲秋之感，可是毛泽东却说"不是春光胜似春光，廖廓江山万里霜"。

古人也有这种例子，如刘禹锡写的：

"自古逢秋悲寂寥，
我言秋日胜春朝。
晴空一鹤排云上，
便引诗情到碧霄"。

我们难道不能从中受到启发吗？我们应该经常想到变坏事为好事，即在困难中看到希望，在黑暗中看到光明。

26. 您在演讲中经常提到《红楼梦》，为什么？

答：《红楼梦》，太棒了。它从内容到形式，都很值得学习。演讲是艺术，小说也是艺术，艺术与艺术是相通的，好的演讲艺术与好的小说艺术，如找到结合点，一定会有相辅相成的作用。

《红楼梦》不仅涉及婚姻恋爱，还涉及社会学等。我每次讲到《红楼梦》，都会出现一个特殊氛围，所以我讲到《红楼梦》时，内容形式，语言、语调也不同。

27. 您为什么在演讲中总能引发人们的欢笑？

答：笑，可以使人与人缩短距离。

我在演讲中的笑料，是美化语言、活跃气氛的一种手段。

笑中，使人思考。

笑后，使人感悟。

笑声中，看到美，懂得丑。

化紧张为轻松，化愁苦为愉快，化老气为青春！

使人笑，也是一种艺术。或者还可以说，使人笑，是一种才能，一种智慧，一种灵气，一种财富，一种美。

28. 在演讲中讲错了话，怎么办？

答：要泰然自若，不要心慌意乱。下面我讲一段传说：

> 一位教授在演讲时，把中国人民的生活一年比一年好，误说成一年比一年差。君子一言，驷马难追。在举座惊愕之际，这位教授不动声色，不紧不慢接上一句："难道真是这样吗？不，大量事实驳倒了这种谬论。"

真是化腐朽为神奇。这位教授在紧要关头，发挥了力挽狂澜的作用。这种做法是恰当的，比当即说"真糟糕，我说错了"、"糟透了，我真对不起大家"的说法要好得多。

29. 您在演讲中有时讲一些极端的话，为什么？

答：我认为一些事要想把它讲清楚，并不十分容易，有时矫枉必过其正，为了强化一种理念，有时需要说几句过头话，但当听众有所领悟时，就要把话拉回来，求得平衡与公允。

比如，一次我讲到要正确对待伤害你的人时，我就引证了这样一些话：

> 感激伤害你的人
> 因为他磨练你的心志；
>
> 感激绊倒你的人，
> 因为他强化了你的双腿；
>
> 感激蔑视你的人，
> 因为他唤醒了你的自尊；
>
> 感激遗弃你的人，
> 因为他教会了你的独立；

凡事感激，

学会感激。

感激一切使你成长的人。

这些话，都是所谓极而言之。

人们为了强化形成在心中的大气度、大胸怀，似乎应该学会处处感激，这样一来，也许就能战胜自我，超越自我，超越他人，这无疑也是一种语言艺术。

30. 有人说听您演讲是一种享受，那么您是怎样看的呢？

答：一次演讲，如能使听众感到是一种享受，演讲者必须在事先花大功夫，下大力气。“台上十分钟，台下十年功”。“三年胳膊五年腿，十年也难练这张嘴”。“要给人一杯水，自己要有一桶水”。

其实，一个演讲家在演讲时，也应是一种享受。这或许也是演讲家的苦乐观。一个演讲家不能受到观众欢迎，那一定是一种最大的痛苦。所以，作为一个演讲家，必须竭尽全力，竭诚尽智。俗云：

“宝剑锋从磨砺出，

梅花香自苦寒来。”

“书山有路勤为径，

学海无崖苦做舟。”

要想使听讲者、听众都有幸福感，都获得一种美的享受，必须做到：勤奋＋天才＋机敏。

31. 您对教育艺术与演讲美学十分热爱，十分执著，给人的印象是一往情深，为什么？

答：我曾出了一本小传，书名叫《爱与美的追求》，在这本书中已经回答了这个问题。

我之所以对教育艺术与演讲美学充满了爱，是因为我懂得人类不能没有爱，人生不能没有爱，人活在世界上呈上一片爱心。爱祖国、爱人民、爱青年、爱事业，爱自己所献身的铸魂系统工程。

有人说：

“从未爱过的人，从未活过。”

“正是爱，使这个世界生生不息。”

“爱，使我献出一切，乃至生命。”

“爱，能征服一切。”

我懂得我所从事的教育艺术研究与演讲美学关系到人类的命运与前途，因为人是要有“魂”的。为了铸魂系统工程，为了使人类不断提高素质，我能做出一些贡献，是值得自豪与骄傲的，因此我对此十分执著，同时我还愿告诉你，正因为我对青年呈上一片爱心，也就得到了青年朋友们的爱的回报。

32. 您在论演讲时，多次谈到要有一种爱心，这怎样理解？

答：一个演讲家，应当是一个懂得爱的人，我有本自传叫《爱与美的追求》。所谓爱，是一种独特而美好的感情。爱是什么？似乎可意会，不可言传。有人说：“爱是生命的甘泉，智慧的火花，希望的彩霞，理想的风帆。”也有人说：“爱是一个人视对方的满足和安全同自己同样重要。”甚至可以说超过自身。因此，我一再强调给是爱，取不是爱。

一个只爱自己的人，既不能奉献，也不可能得到爱，这种人不可能成为好的演讲家。巴尔扎克讲：“精神生活同肉体生活一样，有呼也有吸，灵魂要吸收另一颗灵魂的感情来补充自己，然后以更丰富的感情送给人家。人与人之间，要没有这一点美妙关系，心就没有生机。”一个演讲者不能得到欢迎，大多数是因为只想取，不想给。

生活是爱的源泉，爱只有在生活中才能发光。人的自我价值在自我中不能实现，只有在事业中、在为别人服务中才能实现。演讲家的爱只有在演讲中体现。

爱是人类共同的需求，不懂得起码的常识，请不要当演讲家，请你立即下台！

33. 您在演讲中曾强调情商，这与演讲有什么关系？

答：当然有关，而且有很大的关系。

我们在演讲时，不单为了说明问题，阐发问题，而且要使人感动。这就需要借助感情，使听众感而动之。

美国学者丹尼尔・戈尔曼在他的《情感智商》一书中写道：

“在当今时代，情商的重要性绝不逊于智商，它是理性与感性的平衡器。

通往幸福与成功的捷径在哪里？决定一个人成为社会栋梁或庸碌之辈的关键因素是什么……就是人们自我管理和调节人际关系能力的大小，亦即情商的高低。”

为此，我在演讲中，十分重视情商，而且尽力通过感情的激发感染听众，使听众从感情上接受，在思想上受益。

34. 您在演讲中，经常使人发笑，是不是和幽默有关？

答：幽默，是天才的表现，我不是天才，但也在学习幽默。

毛泽东同志在1975年10月21日会见美国国务卿亨利·基辛格等人时幽默地说：

“我很快要去见上帝了，我已经收到了上帝的请柬。”

基辛格笑着答道：“不要急于接受。”

毛主席在纸上写了几个字，由身边的工作人员代替他说：“我接受doctor的命令。”

这里，毛主席巧用doctor双关词，既指基辛格博士，又指医生。

可见，幽默不仅仅是天才、智慧、机警，而且包容着博学与多识。

35. 在演讲中，怎样在讽刺中不失其幽默？

答：这个问题提得很好，一些人在演讲中一讽刺，就惹人讨厌，有人一幽默，又显得很粗俗。怎么办？这要在实践中不断提高自己的修养。

我举这样一个例子，供参考。

爸爸打电话给儿子说：今晚有应酬，不回来吃饭了，儿子问爸爸什么叫应酬，爸爸说：“不想去，又不得不去的叫应酬。”

第二天早上儿子上学时，说道：“爸爸，我要去应酬了。”

这个小故事既幽默又讽刺，在幽默中有讽刺，在讽刺中有幽默，弦外之音，表述了孩子们对当前教育的看法，言简意赅。

36. 风格有高下之分吗？

答：风格有高下之分。有人说："诗歌不拘时代，唯当以立品为归。"立品是风格高下的重要尺度。

风格即人格，所以我认为一个演讲家的演讲风格高下与人格有着直接关系，人格低劣的人，在演讲中是不可能有高品位的。

歌德说："风格，这是艺术所能企及的最高境界……"无疑，风格也是演说家用毕生精力追求的至高境界，千姿百态的演讲之话，需要演讲家用心血去浇灌、去栽培……

37. 您在演讲中为什么一再强调天地人系统论？

答：一个演讲家必须是一个思想家，一个没有思想的人，怎能成为大演讲家呢？

最近几年中出现了"9・11"事件、SARS事件、海啸事件，这都是震撼人类的事件，人生活在大千世界，生活在天地人之中，怎能不受大环境的影响呢？

人的变化反映了自然界的变化。

自然界的变化又影响着人的发展。

天有日月，旋转不停。

地有江河，川流不息。

人有气血，往返循环。

天体运行规律与人体生理变化不仅密切相关，而且有相似的节律。

地球绕日公转，月球绕地球运行的规律，决定了地表一年四季，十二个月二十四个气节的气候变化的规律。

人体则有十二经脉和五脏六腑，组成的二十四经肘与之对应。

从这个意义上看，人是一个小宇宙。

由此可见，人类社会与地球自然界的变化，往往也是应该协调一致的，这种协调发展，必然影响到：自然规律、社会经济规律、科学技术规律。

当然也影响着人的思维与观念。

演讲是一种思维艺术，是思维之花。

演讲是一种智慧艺术，是智慧之果。

而且应当是绚丽多姿的花，丰硕甘甜之果。

38. 中外演讲史有什么共同特点？什么时候容易出现演讲家？

答：我在讲中国古代文化史、中国古代文学史时，顺便讲过中国书史。在此期间，我发现一条规律，即在历史转折年代，人们的思想会变得空前活跃。这时必然涌现一批演说家，他们成为各自所在的阶级、阶层或集团的代言人。

如春秋战国时期，出现了诸子百家，许多人都是演讲家。

魏晋南北朝时期，又出现了一批演说家。

又如在辛亥革命前后，又涌现了一大批演说家，同时出现了演讲热潮，这或许是规律。

另外，一些有影响的大演讲家，也是思想家、哲学家、政治家。他们之所以在某一时代产生较大的影响，不是单靠他们能言善辩，能说会道，而是靠文以载道，言之有物，能代表一些人的利益，并走在时代的前边。所以演讲家既是思想家，又是社会活动家，同时也是变革大潮中的弄潮儿。中外演讲史都是如此。

这些人中有一些曾起到积极推进的作用，所以被人们誉为铸造灵魂的工程师。

39. 一些人认为女人不宜演讲，即使演讲，也成不了大气候，您同意吗？

答：不能同意。首先应当看到世界上有不少女演讲家，这是不容置疑的。

我想强调的理由是，女性两个半脑间的神经末梢厚，使得两个半脑间的交流也频繁（右半脑负责感性，左半脑负责理性）。另外，女性学语言比男性更快些，这是公认的。其原因是女性很早就会使用两个半脑，所以西方人士说：女孩子比男孩子早进入语言世界。还有，在进行听力测验时，专家们发现，大多数男子只用右耳听，而女子用两个耳朵听。其原因是因为女子更积极地使用两个半脑。

女子善于想，善于讲，又善于听。这些都优于男性，这些又全是演讲的先决条件。所以女性进行练习，肯定能成为演讲家，而且有可能成为大演讲家。

40. 您的演讲生涯已经 30 年，年龄又这么大，可是为什么还显得比较年轻？

答：演讲，是一种很有意义的活动。一个人要想让别人心胸开阔，首先要自己心胸开阔，这些道理我不想多讲，我今天想讲这样一个道理。

演讲者，站在讲台上演讲，似乎也是一种气功和锻炼过程，在台上集中精力演讲，伴之以和谐呼吸，以及适度的动作，动中有静，静中有动，而且节奏快慢分明，次序均匀井然。在讲与演中，呼吸绵绵，气沉丹田，精气内守，循环往复以致无穷，在这样一个无限循环的过程中，受益良多。所以我断言，适度演讲利于身心健康。

第三章 李燕杰的诗

冰心曾为李燕杰诗集题词：“诗之心，国之魂，诗如其人。”

贺敬之的题词是：“让闪光的思想插上诗的翅膀，飞向千万青年的心中。”

艾青称李燕杰为“真正的诗人”。

臧克家说：“李燕杰的诗可以观，可以群，可以兴，可以怨……”

演讲是语言的艺术，是思想的艺术，是诗的艺术。李燕杰的诗是哲理诗，是人生感悟诗，是高度艺术化、生活化的诗。

1. 路

（1945 年 2 月于北平）

“当上帝关了这扇门，一定会为你打
开另一扇窗。”
走啊！走！
走向那不可知的去处。
我不信什么是末路穷途。
“天下本无路，
走的人多了就是路。”
意志是灯，信念是路。
即使在山中夜行，
心中有了光，
就不怕脚下多歧路。

2. 要当人梯

（1947 年 3 月 于北平）

上帝啊！
我要把十字架悄悄背起，
头上戴上荆棘的冠冕，
一生献给人类，无怨无悔。

不是为了为他人赎罪，
而是为了自我激励——
是幸福，就无私地让给他人，
是苦难，就无畏地留给自己。
要做大地，
自愿为人们铺平道路，
要当人梯，
心甘被别人踩在脚底。

3. 心声

——十八岁的思考

（*1947* 年 *10* 月于武汉）

听，这里是流浪儿之歌，
瞧，这儿有高尔基童年的幻梦。

卖烟，
卖报，
风风雨雨，日夜兼程。

做工，
务农，
风霜雨雪，艰难困窘。

到医院做实习生，
又南下入伍当兵，
变幻无常，南战北征。
小小年纪，
无尽的童年厄梦，
屡遭厄运，坎坷的漂泊历程。

成伟大事业的，
往往不是幸福之神的宠儿，
却是屡遭不幸的孩子却能成功。

这里昨日的理想，
是未来的憧憬，
这绝非痴人说梦。

4. 启示

（1975年4月）

过去的，难道都应当把它看作梦？
不，这里有梦中的真，有真中的梦。
它给我以诸多生命的启示，
它将伴随我走完未竟的途程。

在铁工厂里我当过学徒工，
我曾在机床旁辛勤操作，
在机床滚动声中，
使我懂得工人是在怎样享受着劳动和快乐。

在茶淀的处女地上我开过荒，
我曾用手中的锄，
惊醒了大地沉睡的梦，
这时，我体会到农民艰辛的耕种。

在战争年代，我也曾投笔从戎，
从黄河流域到珠江两岸，
在那烽烟滚滚的年代，
我没有追求书斋的宁静。

在我年轻的岁月里，

在我的脚步声中，有工，有农，有兵。
它使我这走过夜路的人，
更盼望阳光带来的温暖和黎明。

吃过生命苦果的人，
才懂得把爱献给阶级弟兄，
经受过暴风骤雨的人，
才懂得要无私地为人民创造，
生活的幸福和安宁。

5. 雅量洽春风

（*1976* 年 *10* 月）

风清，月明，
大千世界妙趣生。

河水带云归海去，
桃花随雨落诗中。

樱桃沟，樱园春色，
香炉峰，峰外歌声。

眼镜双湖先得月，
双清别墅自有情。

千条垂柳一泓水，
半湾新月两亭风。

山岚莫随东风去，
海气直伴月华生。

光阴休随平白过，
学业当从高师承。

不因果报方为善，

岂为名利始读经？

精神到处文章老，

哲理深时意气平。

文章老，意气平，

经纬交织在心胸。

6. 给一位失恋者的诗

（1977年2月）

世间有众多难以摆脱的爱情，

世间有令人难忘的无尽的梦。

匆匆人世又太无情，

情断梦不断，梦断爱难平。

深入骨髓的爱，

直逼灵魂的情。

“爱河之中，难平衡，

世间难有爱情公平秤。”

有给予却无回报，

有回报，难相应。

得到爱是一种幸福，

失去爱，也并非不幸。

有所失，就有所得，

得到的或许还会比失去的更值得珍重。

真诚的爱不一定换来爱的真诚，

失去爱，仍保持平静和真诚。

缘份也许到了终结的时刻，
在分手后的情思中或许使爱情永生。

明智，莫过于客观地正视人生，
明智，莫过于冷静地对待爱情……

7. 献给80年代的青年朋友

（*1981* 年 *1* 月）

年轻的朋友啊！
莫要说“十年浩劫”使我们遭受心灵上的创伤。
莫要说无才无艺，前路渺茫，
我们坚信历史上没有哪一次巨大的历史灾难，
不以历史的进步补偿。
历史的重任已经落在我们的肩上，
我们共同经历了历史的灾难，
但我们没有眼泪，
也没有悲伤，
我们只有披荆斩棘奔向前方，
即使陷于万丈深渊之底，
也要攀登高耸入云的山，
今年是80年代的第二个春天。
要从现实做起啊！
绝不像那些想摘取蔷薇的人，
却把身边的玫瑰丢在路旁，
80年代的历史将为我们作证，
青年人必将胜过老一代，
我们心在四海，

我们志在八方。

（此诗在北京电台播出）

8. 仙人掌与蟹爪莲

（1981年9月15日）

仙人掌的根，深深地扎在泥土里，
为了使别个开花，
他用刺刺向一切仇敌，
却用爱把蟹爪莲哺育，
自己经受着袭击与冷遇，
然而，在春天到来的时刻，
却使肩上的蟹爪莲分外绚丽，
当人们赞美那肩上的花的时候，
它却默默地植根于泥土，
吸吮着大地的营养，
无私地把肩上的花哺育。

9. 路

（1981年10月）

路，
千条街，万条巷，
人有两只脚，
却不能同时踏入两条街巷。

火车只能沿着一条铁轨奔驰，
飞机只能沿着一条线飞行，

我们走在人生大道上，
左顾右盼，只能是歧路亡羊。

甭管他人怎样说，
休睬他人怎样讲，
要开拓前进，
就不要怕闲言和诽谤。
“岂能尽遂人意，
但求不愧我心。”

只能听赞歌的人，
怎能战胜狂风恶浪？

10. 逆境与友情

（*1983* 年 *7* 月）

人类历史上许多有作为的人物，当你了解到他在困难时，从真诚的友谊中得到多少无私的支援，你才能真正了解到他本人的实际价值。

远航，怎能没有灯塔，
出海，怎能失去罗盘？
当风暴到来的时刻，
轻舟怎能不依附平静的港湾？

然而，还有一种力量，
它的作用胜过灯塔、罗盘、港湾，
这就是正直、善良、友谊的支援，
它可以化险为夷，转危为安。

一个人怎能以怨报德，
滴水之恩当报以涌泉，
涌泉之德，

当肝胆相照，亿万斯年。

在恶风恶浪袭来的时候，
我懂得了古人远航，
为什么三拜九叩祭天帝，
为什么杀鸡溅血奠君山？

诗的箴言是，
阿谀比仇恨更险恶，
诽谤却能促人多检点。
逆境的一次无私支援，
胜过顺境时千万句的颂赞。

11. 大本赞

（1983年12月26日于美国）

偶然从海外杂志中读到毛主席二十岁讲的一段话，颇有启示。
“本源者，宇宙之真理。”
“以大本大源为号召，天下之心有不动者乎？”
“天下之心皆动、天下之事有不能为者乎？”
“天下之事可为，国家有不富强者乎？”

水天一色兮，
风月无边。

天阵开星斗，
地营列山川。

求大本，溯大源，
天地乾坤有渊源。

人生难得一百载，

求索探源尽天年。

实践之中求根本，
矛盾之中晤机缘。

国家民为本，
人生爱为先。

民为本，爱为先，
中和为义寸心丹。

水流源在海，
月落不离天。
云飞月走天不动，
水流波滚地无偏……

12. 逍遥游

（*1987* 年 *7* 月于德国汉堡）

“北冥有鱼，其名为鲲。鲲之大，不知其几千里也。化而为鸟，其名为鹏。鹏之背，不知其几千里也。怒而飞……

——庄子

思九州而博大，
横四海以焉穷？

人生如梦，
又如云，如风。

风风雨雨浩瀚人生，
天涯无际万里长空。

无私无畏，扶摇直上，
无怨无悔，凭海临风。

南极明月，北极寒星，
汉堡飞驶上云层。

山间有大鹏，
海上有蛟龙。

鹏程千里志，
蛟龙海上行。

麻雀不知海，
怎知飞跃上天空。

超凡脱俗奔大海，
超越自我云中风。

欲望诗之警人，
先求理之服众。

皎皎月，漫漫风，
风云变幻情理中……

13. 无　题

一个青年对我说："生活，是严峻的，它告诉我一个又一个哲理，把它分行写在这里，但愿人们理解我心中的爱与恨，情和理……"

我默默地，询问苍天，
又默默地，问询大地。

我想哭，似乎也想笑，
我无言，也无泪。

世间一切奇异的偶然，

都幻变为必然。

每一瞬间的平衡，
都被安置在“和谐”中。

永恒的振荡，
被搁浅在失衡里。

社会，群团，友朋，
我追寻着这里的奥秘。

人性，人情，人格，
我求索着其间的神奇。

上帝与魔鬼莫不都是人的化身？
为什么还要发出怨尤？

怎能满足于有酒，有诗，有友？
怎能沉湎于无愁，无悔，无求？

光与暗的较量，
美与丑的轮回。
为什么如此之无常？
为什么又如此之有序？

海格利斯，战胜了狂涛恶浪。
他无所私，所以无所惧。

维纳斯，她给人以爱与美，
都时而放松了对恶魔的警惕。

犹大，追寻撒旦，
怯懦，终将悖离正义。

告诉那些弱者，
你的名字是男人，也许是女人。

不要因他人的卑鄙自我摧残，
不要用他人的罪恶来折磨自己。

弱者，只能被无情的苦海淹没，
因为他从没有征服邪恶的勇气。

记住先哲遗训，天将降大任于斯人也，
戴上荆棘冠冕，把十字架背起。

勇做生活的强者，主宰良知，
方成顶天立地大写的人。

14. 无缘与无义

（1997 年 9 月 18 日）

天上的云，变成地上的雨，
雨又升腾变云霓。

从无到有，从天到地，
在无字经中显示天地间的至理。

无缘难有情，
无情则无义。

无邪则无瑕，
无畏则无惧。

漫漫人生路，
怎能无风也无雨？

怎能无悲？怎能无悖？
怎能无愁？怎能无绪？

化解无奈，
消除无趣。

无私与无己，
无怨也无悔。

无情也无忌，
无疑也无虑。

无聊归之乌何有，
无耻去见鬼。

天上的乌云变成地上的雨，
雨水升腾变云霓……

15. 书之歌

1997 年 *11* 月 *12* 日

爱书，
　　歌书，
　　　　赞书。

书，
　书，
　　书。

智慧之源，
　　快乐之本，
　　　　成才之路。

锦秀成文，源于书，
　洞察中外，求于书，
　　琳琅满架，唯有书。

收入再少，也买书。

住处再挤，也藏书。

工作再忙，也读书。

读书，

著书，

教书。

黄金未足贵，

学问胜珍珠，

人生百岁，不离书……

16. 京京四岁了

（*1999* 年 *6* 月 *30* 日）

京京四岁了，经常在联想中体现一种憧憬。爱因斯坦说：“没有想象力的灵魂，就像没有望远镜的天文台。”

你问我，小鱼为什么不能飞上天？
你问我，小鸟为什么不能水中行？

你问我，为什么云在天上走？
你问我，为什么水在地下行？

我不知道应当怎样回答，
心想孩子的思考也是一种潜能。

创造，是一种灵感的诞生，
创新，是再造一个幻梦。

越是卓越，越是离现实遥远，
越是奇特，越要耐得误解经受历史鉴定。

奇人，是奇思的载体，
好奇，是灵智开窍的象征。

让孩子多些提问，

让大人经常追回童贞的梦。

17. 志洁如冰

（2000年5月29日）

天上的月，海上的星，

云霞中的朝阳，山岚中的轻风。

“安危不二其志，

险易不改其诚。”

耿直正派，心净如水，

坦荡精诚，志洁如冰。

友情的祠堂，不是眼睛，

是心灵。

情谊的长久，不是甜言蜜语，

是共同事业的永恒。

当面批评你的，

是诤友。

背后赞美你的，

是良朋。

最信赖的人的不忠，

是最大的悲痛。

最大的悲哀，

是事业被最信赖的人所断送。

天上月，海上星，

日月同辉，星光相映。

18. 我们要和平

（2003年4月12日）

对于全世界来说，你只是一个士兵，对我来说，你是整个世界。

——一位阵亡士兵之妻

你走了，战火夺去了你，
让我痛楚却无泪。

战争啊！
让它赶快成为过去。

前方战士在流血，
后方亲人在流泪。

战火，夺去了一个个士兵的生命，
使家庭，失去了亲人与安怡。

风停，雨霁，
战火仍在纷飞。

写下凝重的诗歌，
莫忘流动的悲剧。

19. 朗月映清风

（2003年7月14日）

清风徐来，水波不兴，
明月朗照，心潮波涌。

真诚，不等于纯情，

纯情中必然有忠诚。

梦中有痛楚，有快慰，
醒来有真情，有宽容。

心中有叠加与分承，
诗中有理智与真情。

真情用望远镜看世界，
嫉妒用显微镜看人生。

人生的幸福，不只是关爱所爱，
而是被所爱者回报的至情。

没有爱的事业，往往是苦涩的雨，
没有事业的爱，常常是随风飘去的云。

人生，最大的快乐，是给人以欢乐，
人生，最大的不幸，是给人带来不幸。

被人误解，是一种不幸，
误解别人，是更大的不幸。

即使在梦中，也要时刻播洒爱心，
醒来时，定会获得爱的真诚。

20. 人贵相知

（*2003* 年 *10* 月 *26* 日于杭州机场）

绿叶，在友情里，不再枯萎。
友情，在枫红中永远欣慰。
理解朋友，朋友也理解你。
彼此相知，结成牢牢的友谊。
一束束百合花送来芬芳。

一束束红玫瑰，送来希冀。

深深的海洋，
蕴藏着深深的友谊。
洁白的云朵，
蕴含着难得的真义。
海上碧波激荡，谱成无怨的旋律。
天空云飞，写下无悔的诗句。

相逢，相会，莫分离，
相亲，相忆，莫忘记。
梦中如海，时而波峰，时而波谷。
爱在激荡中，浩瀚无际。
情如在天上，时而云卷，时而云飞。
诗在涌动中，飞向寰宇。

21. 草木相知

（2004年6月3日）

垂柳思新绿，
落花恋故枝。

玉兔东升晚，
日落斜阳迟。

难得又相聚，
草木也有知。

心中有韵律，
平仄自入诗。

22. 寻根

默默地离开故乡，

悄悄地又回到故里 。

寻觅自己生命之根苗，

探求自己生命之源起。

感谢她，大地是母亲，

她哺育着我们的兄弟姐妹。

根，在地下延伸，

由此及彼……

梦中的童年，

醒来现实中的异域。

离乡背井几十载，

怎能忘，生我养我的土地。

根在这里，

谢谢那芳香的泥土。

魂在这里，

谢谢那潺潺源泉的流水。

23. 心静如水

“风来疏竹，风过而竹不留声，

雁渡寒潭，雁去而潭不留影。”

风拂竹林，

风去，竹仍幽静。

雁渡寒潭，

雁去，潭仍安宁。

心平如水，

月明如镜。

用平常的心，

迎接淡淡的风。

用宁静的诗，

述说安逸的梦。

像阳光，普照大地，

似流水，渗透到百花丛中。

爱的献纳，是福，

无爱的人生，如荒芜枯冢。

24. 我走了

我走了，

我要安安静静地离去，

没有悲悽，没有恐惧！

我镇静地走向另一新天地。

笑着，乐着，

绝不给人以悲伤，

给人以慰藉。

听听安魂颂，

听听梦幻曲，
来要来的安宁，
去要去的欣慰。

不要使人感到孤独，孤寂，
不要使人感到无奈、无力，
把智慧留给后人，
把幸运留给兄弟姐妹。
管它明日是在天堂，还是地狱。

25. 情有独钟

天边，吹来梦中悄然离去的雨，
枕边，吹来梦醒后飘离的风。

一切应留下的记忆的精诚，
一切应存留梦境中的真情。

莫使爱，
成为盲人面前的灯塔。

莫使美，
成为失聪者身边的歌声。

人人心中都有灯塔的光，
处处都有优美悦耳的歌声。

难得的，是可贵的，
失去了，才会懂得珍重。

风如爱，爱如雨兼风，
梦如美，美如夜空月伴星。

但愿，每个人都像盲人专注，精纯。
但愿，每颗心都如失聪者一心向往光明。

26. 宽容与感恩

我有一颗永不泯灭的爱心，
爱着那苦难中的人民。
梦中记起他们的失落，
醒来看到他们的泪痕。
我，不是在悲天悯人。
我要用深深的爱温暖苦难人民的心。
是真诚相助，绝非同情，
是真诚抚慰，绝非怜悯。
人民伴着多灾的世界，
祖国伴着多难的人民。
面对一切对我的怨愤，
我的回答是宽容。
对一切对自己的恩惠，
我的回答是感恩。
宽容，是永恒的爱，
爱，是恒久的感恩。

点亮人生

第四章 李燕杰散文

李燕杰的散文言之有情，有真情；言之有景，有实景；言之有理，有哲理。几乎篇篇都是抒情散文、哲理散文。

李燕杰驰骋海内外演讲，得益于他诗化、美化、哲理化的散文语言。

李燕杰写散文是应他演讲的要求，这使他的散文与他的演讲一样，充满吸引力、感染力、感动力，充满磁性与魅力。

1. 情　爱

电波中传来浑厚的话语，是男中音，深沉，而又含蓄。

他告诉人们，人的一生中心中要有三个人。

一个你爱的人。

一个爱你的人。

一个你爱她，她也爱你，与你走完一生道路的人。

你爱的人，是友情。

爱你的人，是亲情。

彼此互爱，与你走完人生道路的人是爱情。

人的一生，怎么能无爱，又怎能无情呢？

友情，

亲情，

爱情。

是人生永不封冻的温泉，即使在寒冷的冬天，也能感觉到春天的温暖。

无论友情、亲情还是爱情都需要真诚。

友情属于一切人。

亲情属于一些人。

爱情属于一个人。

友情与亲情，可以向一切至诚奉献，爱情如一颗明珠，不可分为两半。

然而，一切都是可变的，正如哲人讲：情感不是常量，而是变量，它是时间的函数。

一个真诚的人，以不变应万变。

一个执著的人，以真诚应万变。

虽然未来是一个难以预知的世界，但友情、亲情、爱情却是我们生命中一份恒久不变的执著与守候。

各种情感如不同的镜子，流逝的岁月会给它们蒙上尘埃，这需要我们不断地用真诚来擦拭，才能永远辉煌地彼此照映。

要想成为别人的朋友，首先要把别人当自己的朋友。

要想成为“亲人”的亲人，首先要把“亲人”当成自己的亲人。

要想成为自己所爱的人的爱人，首先要爱那些爱你的人。

有了真诚，有了理解，有了宽容，就会生活在情爱之中。

你有了困难，大家分担，至少减轻困难的一半。

你有了快乐大家分享，就可以使人人快乐，形成多重快乐……人人需要友情、亲情、爱情!

说到底，情爱是一种真实的生命，没有一份美好的情感，就很难有一个真正美好的生命。

情爱，是高尚而伟大的。

每个人都可以享有，这是权利，但每个人都必须为此而付出，这是义务。

将生活与生命联在一起的力量是爱，爱是一种伟大的力量。

让人人都懂得人生最快乐的事情是使自己所爱的人快乐，最幸福的事，是使自己所爱的人幸福。

关爱别人，才能关爱生命。

情爱之中，需要宽容，需要牺牲。

人与人，在互相走近时，愈加亲密。

人与人，在相互占有时，有时会变得陌生。

情爱，能够永恒，往往不是本身的尽善尽美，而是人与人之间各有一个宽阔的胸怀，容纳对方的缺点，包容对方的失误，在互助互谅中，彼此以感恩的心态，圆彼此幸福的梦。

尽管太阳只有一个，却能驱散黑暗。

尽管月亮也只有一轮，但同样可以驱散阴影。

只要每个人心中既有太阳又有月亮，生活中就会天朗气清，处处熏风。

2. 宁静·创新·时空

忙，实在太忙，每天生活在紧张、繁忙之中，经常渴望有一天能赢得宁静。

喧嚣的社会。

熙攘的人群。

浮躁的人生。

面对这一切的一切，更渴望那难能可贵的宁静。其实，像我这样奔忙一生，忙惯了一生，并不是要追求“落霞与孤鹜齐飞，秋水共长天一色”的淡雅，也不是在渴望“无边落木萧萧下，不尽长江滚滚来”的洒脱，而是希望静下心来，做一些较深入的人生思考。

也许是在朦胧柔美的月色里。

也许是在默默地回首往事风云的沉思中。

这时，伴着时间的前进，我也许会有些新的感悟。

一份宁静。

一丝安然。

一刻温馨。

这都是一种心灵的享受。

然而，享受并不是目的，我是希望在创造中享受生活，在创新中塑造自己值得享受的美好人生。

这一瞬间，也许是孤寂的。然而又有哪个哲人，不曾是孤寂的呢？老子李耳骑着青牛出关那一瞬，在旷野之中，黄沙之中，难道不孤独么？亚里士多德说：“孤独者不是野兽，就是神灵。”

人，是会思考的动物，所以被誉为万物之灵。

人类从远古走来，曾遭遇过诸多风险，也经受过无尽的寂寞，然而人毕竟是会思考的，正因为先哲们会思考，所以使人类变得更加有智慧，更加聪明，使人类从愚昧走向了一个又一个的新历程。

哲人说：人类每前进一步，都是思考之功。

人类社会每前进一步，大自然就会给人类以惩罚。

人类遭到一次灾难，人类总会以更大的进步加以补偿。

这也许就是人类不断前进的规律的法则，我的确在为这些规律感到庆幸。

在我默默的沉思中，

时而感受大自然的真谛。

我在宁静中思考，在思考中体会大千世界的神奇与变化，我体察到这样一个颠扑不破的哲理——

人的全部尊严就在于思考。

正因为思考，人进步了。

然而也正因为思考，一些先哲却遭到了不幸。罗素说：人们对思想的恐惧远远超过对地球上任何东西的恐惧——甚至超过对死亡的恐惧。

马克思讲：德国对一切有头脑的人不能忍受，一切思想刚刚冒头，就被镇压下去，极端的愚昧支配了一切。

人类的先哲冒着生命的危险去思考，去行动，普罗米修斯就是这种典型，为了给人类以火，照破思想的黑夜，使人类走向光明。

在我们的思考中，不能忽视的一个话题就是每个创新，都会遭到阻碍，都会遭到不幸，甚至强调教育要改革，要使教育的实践上升为科学，再使教育上升为艺术，也会遭到保守派的破坏，使你寸步难行。

其实，我们也不必怨天尤人，因为人类社会中一些人有排斥的本能。

伦琴发现X射线，只有汤姆逊相信。

法国科学家贝克勒耳发现铀的放射性，只有瑞利相信。

爱因斯坦提出“钟慢尺缩”效应的相对论，全世界只有十几个人理解。

普朗克提出能量不连续的量子论，许多物理学家都不以为然，认为是对千真万确的牛顿力学的背离。

美国生物学家麦克林发现一种与经典遗传方式不同的遗传现象，权威们不相信，直到他晚年才得到承认……

我静静地在思考，人类要进步，就要战胜陈规陋习，就要打破一切旧的传统。

要改进。

要改革。

要革命。

为了改进，改革，革命，就要在前人思考的基础上，形成新的思辨。

从无到有是创造。

从有到无也是创造。

此时，既要看到前人的成就，也要看到前人的不足。这时要善于综合，哲学家怀特说："天才是一个人的心灵中产生了有意义的综合。"

我们今天，不是要重起炉灶的时代，而是要在前人思考的基础上，不断地深入思考。

有继承，

有批判，

有革新。

也许也有不足与失误。

当今，一个竞争时代，也是一个大变革的时代，这时急需形成一种新的教育理念，并藉以提高师生智慧。

至少不要再犯那种错，比如错误地批判摩尔根遗传学理论、鲍林共振理论、宇宙大爆炸理论……

这些留下来的后遗症，并没有在人们头脑中消散。

像鲁迅所言，一方面与敌人斗争，又要侧过身来，防备自己阵营里的人，不仅分散精力，而且顾此失彼，疲于奔命……

加上一些人潜在的文人相轻、嫉贤妒能意识……都在影响着社会前进历程，自然科学领域如此，社会科学领域更为严重。

为此，我大声疾呼，呼吁全社会，给众多的思考者以思考的时间，给他以思考的空间，也给人们一点思考中的宁静。

松林掩映依山而居，是宁静。

仙山古寺，暮鼓晨钟，是宁静。

绿水碧波，荷塘月色，是宁静。

我们渴望的是给志者以宁静的时空，在广阔的时空中，形成一种不断追求，不断探索的环境。

让这宁静给志士们创造一个环境。

让这宁静给哲人们以沉思的时空。

3. 爱、美与自然

爱吧，坚定地爱。

追求吧！追求美。

道生一，一生二，二生三，三生万物！

人法地，地法天，天法道，道法自然。

这是伟大的哲人，2500 年前的论断。我坚信再过 2500 年以后，这些论断仍将是真理。

“清水出芙蓉，天然去雕饰。”

“顺风顺水顺民意，

得仁得义得天时。”

顺应自然，是美！

关心人民，是爱！

当今领导之所以受到人民爱戴，绝不是因为他们在张扬，在炒作，而是顺应自然，关爱人民。

在记忆中似乎有这样一些联语与诗句：

“春动生机龙启蛰，

物宜时令鸟催耕。”

“致富花开青山意，

欢声震月赤子心。”

我们从中，可体味到人与自然的关联。

前些年，一些激进语词曰：

“战胜自然。”

“人定胜天。”

在这些语言中，虽一时有令人振奋之处，但冷静思考，又觉得这是某些人思想偏颇使然。

我赞成这种观点：

“人与科学的关系，归根到底是人与大自然的关系。”

马克思在《哥达纲领批判中》讲：“大自然是一切劳动资料和劳动对象的第一源泉。”

请看，这是多么深刻！

请听，这是多么全面！

马克思并不是只讲政治、经济及社会秩序，其实他还十分重视自然秩序。

是的，世上如没有人，大自然既无意义也无人类运动。

因为世界是大脑的世界。

往古的圣哲，早已懂得要顺应自然，要按照自然规律办事。

如今到了二十一世纪，智者与知者都懂得：今后要使人大自然化和大自然人化，并且逐步使人与天，人与地，人与人达到真正体现天人合一。

因为，智者已十分懂得，今天人与自然的矛盾仍很严重，人与自然尚未和谐统一。

人们讲：人类的科学每前进一步，自然就要给人类一次惩罚。赵鑫珊先生的《人类文明的功过》。就揭示了人与自然的矛盾，乃至人与自然的奥秘。他说自己非常赞叹马克思给十九世纪工业文明下了这样一个很哲学的定义。

富兰克林说，人是一种会制造工具的动物（a tool making animal)。人依靠工具做中介，同大自然取得了高度的统一，便叫做工业。

他进而断言：

“人同大自然之间，人与人之间矛盾的解决，无疑是二十一世纪科学技术和人类文明哲学的最高课题。”

“大自然是一个社会范畴，社会是一个大自然的范畴。所以人类文明哲学不能闭口不谈大自然秩序，一切破坏秩序的文明必须检讨、修正、改过自新。”

这话讲得太好了，比如今天讲环保，讲绿化，讲保护各种动物、植物……不都是在检讨、修正、改过自新么？

过去，一些人讲只有征服大自然，才能适应大自然。

错了，今天人们认识到只有顺乎大自然，才能适应大自然。

过去，人们把自然看作对手。

过去，一些人把他人视为敌人，

斗啊斗，斗到最后，要么两败俱伤，要么一伤一亡。

回忆过去人类的历史，一部分人往往是为了自己的利益，而假设敌人，违反人道，伤害人性，造成人与人之间的敌对。我们为什么不可以在分清阶级、时代、善恶的基础上，以和为贵呢？和平共处，逐步趋同，或许也是一种法则，也是可探求的规律。

人与人如此，人与自然难道不也如此么？人与动物有矛盾，人与植物有矛盾，我们为什么不可以求同存异呢？

人与人之间，除非阶级矛盾成为极端敌对之时，在一般人与人之间，是否可以多讲讲互敬互爱？

人与自然之间，是否可以强化平等相待，互相爱护呢？

人与人互谅。

人与大自然互让。

达到人与人，人与天，人与地的互爱、互动，岂不美哉？

人，有血肉之躯，人是有感情的动物，人为什么不可以用真诚的情感，去关爱一切。

大千世界，展示的是美。

人类社会，需求的是爱。

人类啊，万物之灵长，为什么不能变得更聪明些？为什么不变得更有智慧些呢？

纵观人类的历史。

包括人与人的关系的历史。

包括人与大自然的历史。

请看，人类的文明史、文化史、进步史，哪个阶段，不是在和平友好情况之下进步的呢？如果天天打仗，天天斗争，长期处在不平和的环境之中，怎能进步？为此，人们发出呼唤：

和平万岁！

和谐万岁！

友好万岁！

尽管和平的取得非一日之功，但如果每人都不做和平的使者，和平怎能到来呢？

人啊！首先研究自身吧。

人学，无疑是一门大学问。

人与一切的关联点，不外是善恶与功过。对么？

善则利于立功。

恶则造成过错。

为了实现人类的理想，实现人类的天堂，让我们从自身入手，从自身做起，去恶扬善，争取多立功，少失误。

我赞同这种思路：

人生即选择。

世界即选择。

人类文明即选择。

为了人类，每个人“从我做起，从现在做起”，每个时代，每个人种，都尽可能地为人类立功，把利发挥到最大限度，把弊压缩到最小限度。

这无疑是天道、地道、人道。

在自然中求发展。

在发展中重自然。

再说一遍：人法地，地法天，天法道，道法自然。

在美中求爱，在爱中求美。

让美与爱适应自然，顺应自然。

4. 剑与诗

光阴荏苒，白驹过隙。不经意间，人生的道路已匆匆走过了一大半。

短短 70 年，有幸绕地球几遭，一路风尘，走过了 600 多个城市，公开演讲 3000 余场，短短 70 年，有幸为心中的理想不懈奋斗，读万卷书，行万里路，识万般友，逐渐领悟到一点人生真谛。

“丈夫志气直如铁，无曲心中道自真。行密节高霜下竹，方知不枉用心神。”古人对竹的赞誉竟成了我孜孜追求的人生境界。从1977年1月踏上社会的讲坛，我为青年的成长殚精竭虑，为民族的未来大声疾呼，个中甘苦只有自己心中明白。然而我一路走来，从无反悔。

我珍爱和平，痛恨一切不义战争。以美国为首的北约集团对一个主权国家的狂轰滥炸已使我义愤填膺，巡航导弹炸我使馆，杀我同胞更使我怒不可遏。几十天来，我北上南下，与全国各地的青年朋友、干部群众一起声讨霸权主义的行径，爱国主义的浩然正气充溢胸间。

如果说50年前那个19岁的热血青年投笔从戎，参军南下是为了把祖国母亲从战争制造的罪恶中拯救出来，那么今天走过了70年坎坷人生路的我，和不计其数的青年朋友们一起举拳振臂，慷慨悲歌，则更是为了人类永远的和平与安宁。

回顾自己走过的道路，刻骨铭心的是两个闪光的字眼：剑与诗。

参加革命的前10年，我一直生活在部队之中，在解放军这座大熔炉里受到多方面的教育与锻炼，从如火如荼的战争年代到和平与发展的建设时期，解放军始终是一所陶铸人的灵魂的大学校，它帮助我确立了革命者的人生观、世界观、价值观，懂得了爱国主义、社会主义、集体主义和社会公德、职业道德与家庭美德。所以当我手中有武器时，我懂得要用它来维护党和人民的根本利益，一剑在手，就要披荆斩棘，斩妖降魔，要敢于冲锋陷阵，要敢于向各种丑恶现象进行斗争，要做到无私无畏，为了革命要义无反顾，视死如归，要无怨无悔。

后来，走上大学讲台，当了教授，我始终不忘继承党和军队的光荣传统。在教学岗位上，我如同一个战士，护守着教育战线的阵地，我要把五四、一二九、平津大学生南下工作团的火炬接过来让它熊熊燃起，让它一代一代传下去。在这40年的教育生涯中，我用忠诚与热忱续写着从军队开篇的奋斗之歌。10年军旅生涯，炼就一身钢筋铁骨，再大的困难也能等闲视之。改革开放后20年中，演讲4300余场，著书10余部，其中《塑造美的心灵》发行达1000万册，收到青年来信13万封，复信上万封，送书法条幅上万件。总之，在我心中有这样一个信念，一个军人就要有这样的性格，在任何场合，都要战斗在第一线战士队伍里。最近几天与青年座谈，面对美国肆意轰炸，使我们进一步懂得，一个国家必须有综合实力，要战胜别人必须强化自己。

我们即将迎来一个新的千周年。站在时代的立交桥上，万千气象尽收眼底，如山林呼啸的风，如海岸飞涌的浪，耳边回响的最强的声音是：中国不能软，中国不能弱，中国不能散，中国不能乱！

走过了70多年坎坷人生路，我站在讲台上，面对一张张稚气未脱的年轻的脸，我觉得自己依然年轻，自己的心和青年的心依然贴得那么近，我又忆起了曾经无数次对青年讲过的话："只要这天空还有星星在闪烁，我们就不要害怕人生的道路上还有坎坷。让别人去做生活的骄子吧！我们的使命永远是开拓！"

手中的剑，心中的诗！为了青年，为了明天，为了人类的进步、祖国的强盛，我将永远与青年相伴！

5. 三峡抒怀

最近我们应邀讲学去了三峡。三峡是美的，是诗的，是变幻无常的。我每来一次三峡，就会生出一番新的感悟。

长江浩瀚，蜿蜒万里。从世界屋脊青藏高原发端，呼啸而下，沿途接纳了千壑万流。在它与支流的每个汇处，都哺育着人群，创造着文化，积淀着美。

自然景观：大气磅礴。

人文景观：古迹荟萃。

从白帝城的夔门，到宜昌市南津关，浩浩荡荡128公里，奇山异水，目不暇接。进入三峡之后，人们立即联想到，正是这浩浩江水哺育了一代又一代诗人，而千百年来又正是那些诗人赋予大江以更迷人的诗情画意。

屈原的辞赋，李、杜的诗章，还有白居易、刘禹锡、苏轼、陆游、黄庭坚、周敦颐……都在这里留下了诗篇，印下了足迹。

三峡赋予诗人以智慧，诗人赋予三峡以文彩。

这是山水的画廊，这是诗歌的长卷。

江上航行，不仅走向自然，而且也返回历史，它使我们的视野和胸襟顿觉开阔。正如司马迁所说：“览湘登会稽，周览名山大川，而其襟怀广益。”

中华民族数千年的文明史，确有腾跃与辉煌，如长江的飞奔咆哮，惊涛拍岸，威震寰宇。但有时也曾走向低谷，忍辱负重甚至垂泪呻吟。然而我们伟大的民族从来不曾停止探索与抗争。漫漫长江，崎岖三峡，正是她不屈精神的象征。来到这里的人们不仅为它的美景陶醉，更会为它的奇险而惊醒。在雄伟壮丽的江流之中，意志受到锤炼，精神得到陶冶。

穿过了巫峡、瞿塘峡、西陵峡。我们一路风尘，一路高歌。曾经有人感叹：“蜀道难，难于上青天”，今天我们的感受却是：智者乐水，仁者乐山；人定胜水，人定胜天。当我们在急流险滩中突然看到民族志士刻写在悬崖峭壁上的八个大字“踏出夔门，打走倭寇”时，激动的心情更是如同那飞溅的浪涛。

我们不仅留恋这里美好的风光，更想使长江三峡发挥巨大的资源效益。

晔晔文事，赫赫武功。从巫峡到大溪，短短 8 公里瞿塘峡浓缩了 200 万年人类文明进化的历史，保存着周、秦、汉、唐、宋、元、明、清历朝历代的宝贵文物。它们将和滔滔江水一样生机永存。

在江面上，不禁浮想联翩。我们不仅要破译悬棺之谜、栈道之谜、野人之谜，还要使白帝城变为江上小岛，使水中宝藏变成江底龙宫，使长江变得更加壮美多姿。

三峡！

我们心中不朽的诗篇！

6. 海韵

大海，它包容着九州万国！天连着海，海连着天，浩浩荡荡，显示着它主宰万物般的豪迈、气魄。

走向大海吧！

它告诉你什么是浩瀚，什么是伟大，什么是崇高，什么是广阔。

到气势磅礴的大海去吧！

踏着涛峰浪谷，迎着电闪雷鸣，去经受那严峻的考验，去经受那莫测的灾难，与大海对话，与大海同歌，奔腾直泻的大海给你以坚强的意志，粗放豪迈的大海赋予你海一般的气魄。

海纳百川，有容乃大，

壁立千仞，无欲则刚。

有容者为海，无欲者为山，在山海相连处，告诫人们从大海走向高山的巍峨，又从高山奔向大海的浩瀚，山与海共呼吸，海与山共忧患。

大海说：有潮，就有汐。

高山说：有峰，就有谷。

有荣必有辱，有得必有失。

有进必有退，有亲必有疏。

有功必有过，有甜也有苦。

有聚必有散，有乐也有愁。

在风平浪静的海面，所有的船都可以并驱竞胜。

在狂风恶浪骤起时，只有大智大勇的人，才能临危不惧，战恶浪胜强风。

走向大海吧！

无论是波罗的海、地中海，还是黄海、渤海、东海、南海。它都能给人以启迪，给人以智慧。

高傲的人，走向大海吧！

它默默地告诉你既平凡又渺小。

自卑的人，走向大海吧！

它默默地告诉你只要有信心，就可以战胜狂涛。

粗心的人，走向大海吧！

它默默地告诉你在行进中海中隐有暗礁。

嫉妒的人，走向大海吧！

它默默地告诉你，要把一切拥抱。

自满的人，走向大海吧！

它默默地告诉你，人生要如海绵，善于不断地吸收。

不求甚解的人，走向大海吧！

它默默地告诉你，人生的天职在于探索真理，为真理而生存，是人生最大的乐趣。

当你与友人发生矛盾时，走向大海吧！

它会告诉你在茫茫人海中，朋友之间相逢、相识、相知是何等难能而可贵。

当你安于现状时，请走向大海吧！

大海会默默地告诉你，世上如果真的没有任何动荡，不要认为这似乎很幸福，这时你会变得十分麻木，潜能也难启动，活力也受到束缚。

当你停止不前时，请走向大海吧！

它会告诉你生命之川不息，生活的海岸线上才能奏响凯旋曲。

爱海吧，大海是母亲。

爱海吧，大海是老师。

爱海吧，大海是生命的主宰。

当你爱大海的豪迈时，你也变得豪迈了！

当你爱大海的雄伟时，你也变得雄伟了！

当你爱大海的深邃时，你也变得深邃了！

你所爱的是大海，你就有了大海的性格，大海的魂魄。

心如大海般蓝，梦如大海般美，人生则如大海般潇洒、豪迈而广阔！

海是伟大的，因为它容纳千江万河，海又是平凡的，因为它源于一点一滴。爱海吧，它告诫人们集伟大与平凡于一身，你也就成了大海，值得骄傲的大海，值得艳羡的大海。

7. 爱与美的缪斯永远与我们同在

冰心先生走了。是在99岁高龄时离开我们的，按照中国传统的说法“九九归一”。

我拿起笔来写了：

"乐奏诗坛歌百岁，
德辉史册祝千秋。"
"风范仰坤仪，敬祝百年文学伟业，
期颐称国瑞，歌颂千秋德懿楷模。"

我虽然难过，但我不愿用悲凄的语言为冰心先生送行。

我在想："我从小就是读着冰心先生的《寄小读者》、《往事》、《繁星》、《春水》长大的，在11岁时，还模仿冰心的诗风，写过不少哲理小诗，发表在当时的报刊杂志上。事过境迁，半个世纪过去了，冰心先生的诗句仍留在心中，储藏在记忆里。

大约在1947年的五六月份，准确的时间已记不太清了。北平的天气，已经比较热了。一天，与同学们一道骑着自行车来到灯市口贝满女中，在公理会礼堂听冰心先生的演讲。

冰心先生讲到她当时与吴文藻先生正旅居日本，随商震驻屯军住在东京。记得冰心那天穿着一身白色衣服，个子不高，但却十分清新雅丽。那天听讲的人，多数是中学生，有育英的、贝满的，也有北平二中的，她的演讲是那么美，仪态美、语言美、手势美，落落大方，潇洒自如，这是我有生以来第一次听到的名人演讲。她在演讲中，谈到日本是二战后的战败国，但日本的儿童并不颓唐，仍保持着积极向上的心态。他们十分刻苦，非常用功，他们的意志力、顽强的精神，都值得中国少年儿童学习。

她仿佛还讲到日本青少年很团结，很有纪律性，不散漫，在公共场合很注意自己的形象，不随地吐痰、扔果皮、纸屑。在乘车时，对老年人、长者也很尊敬，主动为老年人让座。

也许是军国主义的训练还没肃清，日本的孩子表现得很有点武士道精神，回答问题时立正，并碰一下脚跟，大声答："哈、伊。"在打球时，也很顽强，很勇敢，跌倒后再爬起来。连女孩子都不爱哭泣。

另外，冰心先生还讲到要学文学，就要多读，多写，同时要多观察，多练笔，建议大家写写日记，从一点一滴入手，不要好高骛远。要刻苦要勤奋，在读文学作品时要善于学习与思考；在现实生活中也要善于观察和思辨。

在她的演讲中，还谈到了大海，她把大海比作母亲，又把母亲比作大海，她似乎还讲到海太大了。而个人太小了，我们每个人都应当像大海，学习大海。后来，我们从她的作品中看到这样一些论述："海是动的，山是静的。海是活泼的，山是呆板的……而海呢，你看她没有一刻静止！从天边微波粼粼的直卷到岸旁，触着崖石，更欣然的溅跃了起来，开了灿然万朵的银花。"这些描写既细腻又深远，后来，我在演讲和诗歌中有许多地方赞美海，就是受冰心先生的影响。

她似乎还曾感叹：拜伦歌颂大海，普希金歌颂大海，而中国上下几千年还没有一位海化的诗人。

我想说，冰心就是海化的诗人，她是海的女儿。

她说："我喜欢读泰戈尔的诗，如《飞鸟集》等，对我都有影响，在我十几岁时，就试着写下了《繁星》、《春水》。在《晨报》上刊出后，青年人很喜欢……"

在此之后，我就经常搜集冰心先生的诗，在报上见到后，马上剪下来。自此，养成了剪报的习惯，在我家中有一大叠一大叠的剪报，其中就有不少冰心的诗歌、散文。

我父亲、母亲见到这些剪报后十分高兴，鼓励我向冰心学习。这以后我读了大量冰心的作品。其中所体现的对大海的热爱，对母亲的热爱，对儿童的热爱，都给人以心灵的抚慰与振奋。作者用清新优美的语言描述着自己在生活中的感受，又把这些感受传导给人们，让人们共享人生之美，大自然之美，同时，诗文中还蕴含着自然与人生的哲理，这些哲理小诗、哲理散文，对我早期写作有着十分深远的影响，从那时起，我就经常视她为爱与美的缪斯。

新中国成立初期，家父李慎言先生也在中央民族学院工作，与冰心同住在家属宿舍中，我的孩子几乎可以天天看到冰心与吴文藻先生，管他们二位叫爷爷、奶奶，冰心对孩子们总是那么亲切，平易近人、和蔼可亲，所以孩子们也都特别尊敬她，热爱她。

后来，她的女婿陈恕得了肝炎，要到北京第二传染病医院看病、取药，我爱人绍华正好在该院工作，所以经常帮他挂号，取药，他有时就坐在我们院里石榴树下的石凳上和我们聊聊。

我在学校教文学课，讲课内容经常涉及"五四"以来的文学现象，所以我也经常去找冰心先生请教。每次向她老人家请教，她都是那么耐心，那么认真，几乎是有问必答，有求必应。有一次，她拿出一本刚出版的《三寄小读者》，送给了我女儿李穹。

后来，我走上社会演讲，一发而不可收，冰心老人一直鼓励我多做好事，要帮助青少年进步……

当我创办《教育艺术》杂志时，我请她题词，老人家几次当即欣然命笔。

当我准备出诗集，请她老人家审阅时，她非常认真，并马上为我题写了：

“诗之心、国之魂。

诗如其人。”

冰心老人题词后，臧克家、艾青、贺敬之等著名诗人也陆续题写了热情鼓励的话。

我作为一个教师，一不会做官，二不会经商，似乎只有两个能耐，一是讲，一是写，如果说是在讲与写中还做出了一些成绩的话，与冰心先生的帮助分不开的。

冰心先生病重后，住进北京医院干部病房，我经常去看她，记得有一次与当时的统战部副部长万绍芬、郭海燕一起去。每次见到冰心老人她都是那么乐观，那么开朗，她说：“有了爱就有了一切。”

冰心先生走了，但是我坚信爱与美的缪斯是不会离开善良的人们的，尤其不会离开青年与纯真的孩子。

她的演讲使我们懂得了爱大海、爱母亲、爱儿童、爱人生，在人生道路上要求真、求善、求美。

真的尺度，是人类活动的首要尺度。

教人求真，是智育的基本职能，也是培养完美人格的智慧特征。

人活在世界上，要探知真理，又要坚持真理。

善的尺度，是人类活动的另外一个重要尺度，教人求善，是培养人完满人格的道德特征。

求善是德育的基本职能，通过道德人格的培养，逐步形成自己的道德观念道德行为，并在与人交接中体现一种善心。

美的尺度，是培养人们完满的人格审美特征。

引导人们遵循美的规律与美的尺度，即是按照人的审美要求进行活动。

总之，听她的话、读她的书，使我们懂得了爱与美是人生的追求。

我将用诗来抒写对冰心的敬爱，在我的诗集出版时，一定把冰心的照片印在诗集中，让她永远与我同在。

1999年3月4日

8. 香山遐思

山，是美的。

我自幼生活在北京。在我心目中只要是山，就是伟大的，无论琼岛春阴，还是西山晴雪，都是伟大的，因为那时没有机会看到更大、更高的山。北海公园的山，似乎只是一个小丘，香山的山，也只是一座小山。然而它毕竟是拔地而起，高耸入云。以我小小的身躯，和它相比，我自然是渺小的，山毕竟是巍峨的。

记得，在我幼小的时候，妈妈告诉我“山”这个字读“shan”，咱们祖先创造了这样一个既形似，又神似的“山”字。三竖一横，显示了中华先祖审美的功力。它基于大地，高于大地，而且在高耸中有起伏，在起伏中，又高耸云际。自此，我经常向往着山。

后来，有幸到过北海环岛，又到过颐和园万寿山，进而又到过香山，爬到香炉峰，登上鬼见愁，这时，我慢慢地懂得了香山，才算山，事过境迁，几十年过去了，当年爬香山，看红叶的景象仍历历在目，香山的美景，经常引起我少年时的对山之魂的依恋。

后来长大了，又有多次登上香山。从幼年到青年，从青年到壮年，又从壮年到老年。

近看高耸入云，

远望起伏绵延。

时而，感到拔地而起。

时而，感到蜿蜒盘旋。

有时，感到荡胸生层云。

有时，感到登山小天下。

山，相看两不厌，只有香炉山！

这里有飘逸，这里有潇洒。

心中的山，连着梦中的水，

梦中的水，连着心中的山。

世上的人，真正潇洒的人不多。

世上真正飘逸的人，也绝少。

世上真正洒脱的人，也微乎其微。

人，为什么不能像山？它无私无欲，它永远坚毅，永远迎风而立。

我看着香山，游着香山，已走过几十年的历程，在山林崎岖中，我感悟到不同年龄的人，来到山中，会有不同的情趣。

老年人，可以拥有雍容华贵。

壮年人，可以拥有豪情壮志。

中年人，可以拥有正直无邪。

青年人，可以拥有潇洒飘逸。

我至今仍爱青春，爱青年。

青年与青春，显示一种本色。

一个人失去了本色，就失去了潇洒。

一个人失去了本色就失去了飘逸。

一个人失去了本色就失去了洒脱。

一个真正潇洒的人在登山时，才会情满于山！

这时脱尘出世，所见者：

有美皆备，无丽不珍。

在如痴如梦中，如诗如幻中，去感受，去体验。这里的一切都是令人永难忘怀的。

它启迪我们：走向坚毅，走向坚强。

它启迪我们：走向真诚，走向坦荡。

它使我们登高远望。

它使我们充满深情。

这时，我深深感到，飘逸不是一种举止，不是一种做作，而是一种神韵。

飘逸属于青春。

青春属于绮美。

人活在山中，人活在世上。

飘逸属于天然。

飘逸归于纯任。

飘逸的人，飘逸的心，飘逸的魂。

飘逸，不是狂妄自大。

飘逸，不是目空一切。

飘逸，不是玩世不恭。

飘逸，不是我行我素。

人生活在山中，人生活在水边，依山而生，伴水而活，大大方方，自自然然。

面对莽林葱葱。

面对高山巍峨。

顺山而下，峰回路转，来到水穷处，这时读到：

“行至水穷处，

坐看云起时。”

这时，看到的是豁达的天空，显示的是一种广阔的胸怀。

温，不增华。

寒，不改叶。

荣辱无非一瞬，辱何足虑?

失去荣何足惜?

像香山那样，永远奉献，永远给予，因为它无所求，无所欲，而且也无所私，无所虑。

春天，送来山林春色。

夏日，送来绿树如荫。

秋天，送来红叶满山。

冬日，皑皑白雪映照山林。

我愿每年来一次，这梦中的香山百转千回，花明柳暗，执著无悔，奋力攀援，我珍惜这难得的今天。

“过去是今天的过去，

将来是今天的将来。

明天是今天的明天，

后天是今天的后天。

过去的每一天都是今天的影子，

未来的每一个日子都是今天的延续！”

像秋天留恋春天的繁花，

如春天向往秋天的果实。

在缅怀过去时，憧憬未来，

在憧憬未来时，珍惜今天。

从山间的石栈，

到峰项的翠岚。

从山中的低谷，走上危耸的山巅，这就是永葆青春的人生，绝非梦幻！

9. 黄叶·红楼遐思[①]

碧空的星斗，边眨眼，边微笑。它们默默地迎来从黄叶村升起的一颗星，它从大地升上天空，月光映辉，星光环绕。曹公，从西山飞升，月儿皎皎，星也妖娆，云也飘渺。

曹公步履轻盈，踏上云梯，迈上天桥。

这时，没有人称他为诗人、哲人。

此际，没有人称他为文人、诗哲。

他怀着爱与憎。

他怀着悲与喜。

① 2006年4月22日，星期六，与绍华、李穹、雨姗再次来到西山黄叶村参观曹雪芹故居。

从大观园走来，带着宝玉的稚气，怀着黛玉的情思。

走向梦中的琼山。

迈向醒来的仙岛。

如果说生是为了死亡，那么死就是为了另一个新生，生命的脚步，死亡并没带走什么，只是让人们看到一些过去没有发现的东西。生是一种赋予。死，也是一种赋予。

他带着《石头记》，那《石头记》中，蕴育着红楼之梦。

宝玉的梦，

黛玉的泪，

宝钗的艺。

这一切美好的，都伴随着曹公书中的诗意、诗情、诗趣。

诗意书情不偶然。

若云若梦在林泉。[①]

曹公，离开了人间凡世，飞上了云端，人虽然离去，红楼诗韵仍留在人间。

心在天堂，

梦在人间，

这里仍有诗的灵感。

它会带来最佳的诗意，

它会带来神奇的构想，

它会带来美妙的意境，

它会带来绮美的佳句。

灵感与诗情，是曹公书中的内涵，他是——

诗之神，

剧之仙。

“上穷碧落下黄泉。”

“升天入地求三遍。”

---

① 期间，听说黄叶村在墙壁中发现有诗文。据说与《红楼梦》有关，我骑自行车来到该村意想不到发现此处诗文，并见到了居住在此的舒成勋先生，竟是家父在香山慈幼院教过的学生。舒老已70岁。

他从人间来到天上，

他又从天堂返回人间，

他在颂赞大千世界一切美好的真情，

他在颂赞大自然中一切绝佳的实感。

此时，又想到当年独坐樱桃沟的情景："行至水穷处，坐看云起时。"

真的如梦如幻。

曹公的一生，是坎坷的一生！

曹公的一生，是想象的一生！

想象如天空的云彩和晚霞，

它如同人生经历过的故事，

它又如同梦中追寻着的境界。

大凡从艺术品中看到的美，往往都不是由眼睛看到的，而是由想象力通过眼睛发现之所以美。

一千个观众有一千个哈姆雷特。

一千个读者也有一千个贾宝玉、林黛玉。

曹公走了，带走了他的《红楼梦》，但把千百个贾宝玉、林黛玉留在人间。

让人们想他们，

让人们爱他们，

让人们哭他们。

黄叶村中诗犹在，红楼梦里情难寻。

让人们通过自己的感受，进行再创造，使他们更真，更善，更美，更艺术，更有诗意，更有哲理。

曹公在天上翱翔。

曹公笔下的人在我们心中飞翔。

从天空到地上，交流着爱与美。

从地上到天空，传播着情与义。

这时，我又想起20世纪70年代游樱桃沟的情境，及郑板桥的诗句：山中卧佛何时起，寺里樱桃此时红。

让那一切的真，一切的善，一切的美，都与《红楼梦》连结为一。

诗是美的!

小说是美的!

让诗中有爱，有小说中美。

让曹公在碧空写下更美的《红楼梦》。

让我们在天空飞翔。

如晚霞，

如云霓。

10. 登长城远眺

巍峨的长城寄托着中华民族的梦。

它沐浴了数千年的雨，

它经历了数千年的风。

从天上看，它如彩虹!

如从天而降!

从地上看，它如缎带!

如伴云而生!

它纵横岂止万里，

它跨越岂止千年，

它是伟大的中华民族意志的象征。

长城是中华民族之魂，

长城是中华民族之灵。

中国人，要了解自己的先祖，要了解长城，

外国人，要了解中国，也要了解长城。

悠久的历史，

宏伟的工程。

这时，心中涌现哲思与诗情:

诗是自然天籁在情感琴弦上拨出的回声；哲思是自然天籁在理性琴弦上所奏的旋律。长城如拥有两根弦的双重奏，有诗思，有哲情，寄托着中华民族的憧憬。

安蒂伯特尔，心中有诗，也有梦，他排列了世界七大奇观：

埃及的金字塔，
巴比伦的空中花园，
奥林匹克的宙斯神庙，
爱菲萨斯的第安娜神庙，
哈力卡那斯陵墓，
爱琴海的罗得斯铜像，
亚历山大港的大灯塔。

遗憾的是他没到过中国，没有看到伟大的长城。

到了十五世纪，这七大奇迹，只剩下了金字塔，其他已销声匿迹。这时人们又在思考世界奇观，人们举出了包括中国长城的奇迹：有诗情，有哲思，也有梦。

罗马大斗兽场，
亚历山大里亚地下陵墓，
中国的万里长城，
英国的巨石阵，
中国南京琉璃塔，
比萨斜塔，
索菲亚大教堂。

如果说前者为上古七大奇迹，那么后者则为中古七大奇迹。

我为多次攀登长城而自豪，
我们为在天空俯览时看到长城而骄傲。

从山海关，
从八达岭，
到居庸关，
乃至古北口，

还有嘉峪关，

虽有残垣断壁，但更多的是气宇轩昂。

不到长城非好汉，

不遭人嫉非英雄。

为了人类，为了和平。

长城万里长，情思尤凝重。

想到城楼烽火，地上狼烟，想到民族的灾难，还有战争给人类带来的苦难。

此时，想起张志新的话——如果痛苦换来的是结识真理，坚持真理，就应自觉地欣然接受，那时，也只有那时，痛苦才将化为幸福。

今天，来到慕田峪长城，迎着从大西北刮来的朔漠的风。

这时，时而枫叶飘飞。

这里，时而白雪朦胧。

远望遥天，一路风，一路景。

长城内外，郁郁葱葱。

脚下路崎岖，雄奇险要。

山路，道峥嵘，跌岩起伏。

有时，城垣残断。

有时，展示雄风。

当夕阳西下时，一片紫色的薄雾轻轻地笼罩着山头，心沉浸在美好的憧憬中，情锁在这从远古延伸至今的画卷，远眺在秋风中明丽的祖国远景。

人类要和平，人类要安宁。

长城是和平的体现，但愿不再发生战争，我们要从长城起步，走出资源有限的地球，奔向资源无限的宇宙太空。

11. 诗之心　国之魂

诗，是美丽，因为诗中充满着爱。

诗坛，如同夜空，星斗满天，永远灿烂。

诗坛，如同花坛，繁花似锦，永远绚丽。

中国，是个诗的国度，中国是个诗的民族。我生在中国，为之自豪，为有屈原、李白、文天祥而骄傲。

然而，在今天诗的国度中，却难得出现屈原、李白、文天祥，难得出现《离骚》、《静夜思》、《正气歌》，正如一些青年所说的，当今是处处是诗人，写诗的比读诗的人要多，但好诗却微微寥寥。

最近从报上读到台湾地区一位朋友向明先生写了一篇《诗人三题》：

一

年轻貌美的钢琴家说：
诗人真是宠儿，
随便凑几行字就登临绝顶。
诗人觉得不能轻侮。
从此大笔理性得像只鼬鼠。
只有人说雾里飞花才像诗。

二

早知藤萝在窗外窥探。
他是值得同情的，
寄人篱下远离深山。
我在窗内却爱莫能助，
我不是苦守一首诗的诞生，
也早流浪在云深水泽间。

三

写诗，有人写来拈花微笑，
有人顺手像无为的老子，
有人却如患了痛苦的结石，
有人不痛不痒地随地吐痰，

甚至肮脏地到处便溺。

我的企盼不是泡沫或是浮游生物。

——台湾地区“中央日报”

读者怎样理解这三首诗，暂且不论，至少使我们感悟到人们对诗坛的不满，我也为此感到遗憾。

诗之于中国，诗之于中国人，诗之于中国青年人，应当使每个人沉浸在诗的海洋中，去感受诗，感受美，感受爱，诗之于人们，应当如阳光，如空气，如水分，诗应当成为我们生活、生长不可或缺的元素。

人们讲：毕竟诗代表着人们的理想，有诗的地方，总有希望在闪光，为此，直到如今仍有人在写诗，在诗探索的道路上竭尽心力，其中也包括我这个不是诗人的人。

然而，目前诗坛实在不景气了。

有人讲：“中国的诗，在唐朝、宋朝已经完成了它的使命，现在的诗不过一些边角料而已，现在的诗算什么？”

又有人讲：“诗已不那么神圣，如同酒吧中的歌，搞得逐渐脱离了大众，人们讲诗人们进入到酒吧之中，在诗人脱离了大众的时候，大众也逐渐脱了诗。”

真的，实在可悲又可叹。

最近，还有人呼唤，请李白回来吧，请白居易回来吧，写出一些让人们能够感到是诗的诗！

当前一些诗在故弄玄虚时，已经把诗的意境埋没在广告中，金钱里，那些真正的诗，请问在哪里？

为什么呢？

有人作了回答：“有人为挣稿费写诗，有人为了抒发闲情逸致写诗，有人为了发牢骚在写诗，总之诗就是私。如果讲过去一些诗人的诗不能广为流传，是因为诗人钻入了象牙之塔，那么今天一些诗人从象牙之塔中走出来，走进了垃圾站，他们在从翻烂了的辞典中去找些他们认为像诗的词语拼凑成一行排列的语句，他们自认为是诗。”

怎么办？

人们异口同声地呼唤诗人们迅速回到真善美的国度。人生在世，既要接受往古的熏陶，又要沐浴欧风美雨，既要了解古代诗人的佳作，又要体味西方诗家的警句。但真正的中国诗人，要成为新古典写实派，既要继承中国古代诗歌的传统，又要不断创新，使古代诗之美与今天的时代接轨，使美伴着诗，使诗伴着美。

同时，要不断深入生活，即使在经济大潮中，人们也不是不需要艺术，不是不需要诗歌，人生在世，总应当有些诗人的气质，使人生充满诗情画意。为此我要强调在强化新古典写诗派的同时，还应形成新东方浪漫派，让诗既反映现实，又能瞻望来兹，激发人们的热情，追求爱，追求艺，追求更加瑰丽的新社会。

我虽然不是诗人，但却写了60年的诗，有3000余首，这是祖国的恩赐，这是时代的恩赐，这是诗人缪斯的关爱。人们能让它留存至今，还有人传抄，还有人打印成册，还有人谱成歌曲，传到全国，传出国门，引发人类的本真之情，本真之爱，求真之美，我应当感恩，感谢那些关怀我，关爱诗的人，特别是感谢冰心老人，她为我题写：

“诗之心，国之魂，诗如其人。”

我殷切地希望屈原、李白、文天祥带着对未来的渴望来到今天。

我殷切地渴盼但丁、歌德、雪莱带着对人类的热爱来到东方。

更期盼在我们祖国的大地上，涌现一批新时代的屈原、李白、文天祥，也期盼在我们祖国的大地上出现一批但丁、歌德、雪莱。

我期待着，我坚信这个希望一定能实现。如北斗七星光照寰宇。

12. 亲情、友情、爱情

大千世界，有雨，也有风。

人类社会，有爱，也有情。

人生，漫漫风风雨雨中。

生命，默默地走，慢慢地行。

亲情、友情、爱情，三者融合，使生命之树常青。

无论在阳光下，

还是在风雨中。

亲情，基于血缘，没有条件，不讲价钱，父母之爱，亲子之情，不图回报伴着生命走向永恒。

友情，是友谊，是同志，是行进中的伙伴，为了学业，为了事业，志同道合携手而行。共同经历着风和雨，迎着闪电雷鸣。

爱情，是男女双方，基于爱的真诚，彼此交出一颗心，互相关爱，相互帮助，有坚贞，有永恒。

亲情，往往体现一种深度，

友情，往往体现一种广度，

爱情，往往体现一种纯度。

人的一生，应当既有亲情、友情又有爱情！三者结合形成情深义重。

人在异国他邦，望着一轮皎月，洒着清光，往往引发起思乡、思亲之情。

窗前明月光，疑是地上霜。

举头望明月，低头思故乡。

此时，是难以解脱的乡愁与无法割舍的亲情。

人在工作中的逆境，更感到友情的可爱，互相勉励，互相帮助，互相扶持，为了共同的事业，彼此献上自己的一切。

为了朋友之义，两肋插刀。

舍命陪君子，充满真诚。

人在旅途，需要爱情，不只是生儿育女，繁衍后代，而且需要情感交流，而人在逆境中，需要进行感情的倾诉。

> 红豆生南国，春来发几枝，
> 愿君多采撷，此物最相思。

人需要爱！

爱人在离别时，必然有相思。

夫妻本是同林鸟，

大难到来比翼飞。

人生失去亲情，可悲！

人生失去友情，可叹！

人生失去爱情，可怜！

莫道人生如梦，

休说梦如人生。

在人生与梦寐中，不要失去亲情、友情、爱情！

一个人不懂得亲情。

一个人不理解友情。

一个人不珍惜爱情。

就如同一个人不热爱生命。

风在吹，雨在洒。

人有爱，又有情。

即使遇到电闪雷鸣，我们自豪地说：我们有被人艳羡的亲情、友情、爱情。

13. 艺术之旅

——从艺术之乡到艺术之宫

亚洲的轻风，欧陆的细雨。

太平洋的宁静，大西洋的安怡。

跨跃时空，去感受人类的真善美，求真、求善、求美，才是真实的人生，自然的人生，幸福的人生。

否则，是可叹，可怜，又可悲。

从中国飞到迦沙，又飞到欧陆。如果没有美，没有艺术，剩下来的只能是枯燥，是无聊，是劳累，是困顿。

这次又来到了欧洲，无论是在英格兰，还是在维也纳，是在泰吾士河，还是在多瑙河，都曾给我留下了美好的记忆。

人生是多方面的，为什么不能面对美？

为什么不能面对艺术？

为什么不面对欢慰？

人类，经历着喜怒哀乐，有苦有乐，有喜有悲。

如果人们只知道享受明媚的春光，而忘记了春前的严寒，春后的酷暑，那也不会真正懂得春天的欢乐，不懂得享受人间与上苍的赐予。

人生，是一个过程。

普通人感受到的是平凡的生活。

艺术家是在感受中形成一种顿悟，形成一种创造，形成一种艺术，它使自己的生命与创造继续延伸，延伸到后来人的心中，延伸到知音者的梦里。

将自己的生命看成是前人生命的一部分，是一种延伸，同时，也是后人生命的开启，形成真善美的链接，永远给人以美，给人以力，给人以爱。

这次来到欧陆。

我珍爱维也纳的音乐，也珍爱卢浮宫的艺术，无论是动态的旋律，还是静态的线条，都是前人人生的感悟，艺术的再现，总之，是一种美的升华。

这时我想到，面对高超的艺术，无论是音乐，还是绘画，无论是《蓝色多瑙河》，还是《蒙娜丽莎》，都体现前人的艺术与智慧。

倾听大音乐家的心曲。

观摩大画家的心声。

这是一种升华，米开朗琪罗说：“杰出的画，只不过是完美的自然所做的一小部分模仿，是自然画笔中一小部分而已。”

歌德却说：“人生本来就是一种广义的艺术，每个人的生命史就是他自己的作品。一个作家的风格是他内心生活的准确标志。”

既是自然的一部分，又是生活标志！

我从奥地利、维也纳来到约翰·斯特劳斯的故居，幽静的小路上有一座幽静的小楼，这里隐约间还能感受到约翰·斯特劳斯生前的足迹，一叠叠的乐谱、一架钢琴……维也纳人不会忘记，世界人民不会忘记。《蓝色的多瑙河》的旋律是美的，它永远令人陶醉，使人沉浸在音乐的长河里，荡漾在优美的享受中。

它使我们想到爱，想到美，想到缓缓的河流，想到河上泛起金色的涟漪，从这些遐想中，我们既感受到约翰·斯特劳斯的艺术美，更能体察到大自然中的自然之趣。

这美好的音乐，这美好的旋律，是音乐家最快乐、最深沉、最善良的心灵中最美好的瞬间的记录。

诗是寄寓于文字中之音乐。

音乐则是声音中的诗歌。

我爱诗，也爱音乐，因为我十分懂得音乐与诗歌比哲学更能启迪人的智慧。

音乐是人类思想感情和精神生活的自由表现的艺术。它使人们趋于美好与圣洁!

甚至可以说：有音乐的地方，不应有邪恶，让美好的音乐取代一切丑恶，让人们更纯洁更美丽。

同时，我还懂得了：在感情上音乐带给人的快感，近似于创造性思维活动带给人的快感，而适当的音乐能帮助形成适合于创造性思维的情绪。

莎士比亚说：音乐是使宇宙和谐的守护神。

高尔基说：音乐叫做灵魂的无声的祷告。

这次来到维也纳这音乐之乡，来到约翰·斯特劳斯故居，在乐曲声中，对这些哲人的论述，更加有体会。

感激你，约翰·斯特劳斯。

感谢你，蓝色的多瑙河，优美的旋律。

来到法兰西，来到卢浮宫，又进入一个艺术宫殿，其中绘画，使我永难忘记。

有人说："画家不应该画他看见的，而应该画将见而未见的。"

高明的画家，不刻意照抄。一个风景、一个形象，它留给人们的不仅是表面的形象，而是实质，是精髓，是本质。

倾注情感的肖像画，画出来的全部是那位艺术家的精神内涵，不是坐在那里的模特儿的内涵。

这些都是真正的艺术大师的艺术哲理的概括。

蒙娜丽莎的微笑，是朦胧的，是奇特的，令人驻足画前留连忘返，每个人都会赞叹：真美啊!

蒙娜丽莎的眼神、嘴角，都给我们以联想，这里有诗情，有画意，有一种独特的艺术神韵，意在言外，寓意其中，其中有快慰，或许也有忧郁。记得有人讲："我要把这种最高的美学享受称之为甜美的忧郁或忧郁的甜美。"

它使不同的人有着不同的追求与联想，即使离开了它，它仍活在我们的感情中，留在我们的记忆里。

歌德曾说："美术家能从许多美女中撷取精华集成一个维纳斯女神的像。我也摹仿这种故智，把许多美女们的容姿特性合在一炉而冶之，铸成主人公绿蒂……每种人物性格，每一件描绘出来的东西，从顽石到人，不管多么个别特殊，都有些普遍性，因为各种现象都经常复现，世间没有任何东西只出现一次。"

这话讲得多好啊！

艺术家从生活中感受体会，上升为艺术，然后把这些复杂的美妙的一切奉献给人类。

有人讲：人生的意义就是在追求艺术美的片刻活动中，得到尽可能多的脉搏跳动。这是一种享受，是一种慰藉，是一种乐趣。

人们从一件高雅的艺术作品中，感受到生活与艺术家的心灵世界，基于现实，又高于现实，这里有现实主义，又有浪漫主义，在鉴赏中，使人的审美意识、精神境界又有所升华。

这时，我进一步懂得了：人创造了伟大的艺术，伟大的艺术又创造了全新意义上的人，而且在创造美的大写的人。

有人说，音乐、绘画诚然不会直接教给你如何去解微分方程，但是都能拓展你的文化背景，丰富你的想象力，提高你的审美感和精神境界，从而有助于你成为爱因斯坦。这里告诉人们一个十分深刻的美学原理。

从音乐之乡到艺术之宫，都给我以美的启示，它引导我们思考，引导我们想象，使我们懂得：想象力比知识更重要。也使我们懂得从各种艺术之中，可以不断增进我们的智慧，这时，也使我们懂得了为什么爱因斯坦左脚踩在科学世界、右脚踏在艺术世界的道理。

我这次欧陆之行，是不可忘记的，它使我从有声的音乐到无声的绘画中，感受到欧洲人之所以是欧洲人的真谛。

14. 卢浮宫·大海·女神

卢浮宫是绮丽的，是美妙的，是艺术的，是斑斓多姿的神仙境界，是令人永难忘怀的。

法国，是一个诗的国度、海的国度，也是艺术的国度，当然，也是美的国度。

我参观了卢浮宫，首先想到的是一代枭雄拿破仑。但我想到的不是一个矮个子，不是一个扁鼻子，而是一个追求美并创造美的强者。拿破仑与卢浮宫，似乎是风马牛不相及的，可是朋友们说：拿破仑的价值，并不完全在于他的武功，而应看到他的文治，他在战争年代，是一个叱咤风云的强者，战争结束后，他却强调法、德、美相结合。

他重法，制定了拿破仑法典。

他讲德，他尊重各种道德戒律。

他讲美，他说他走到哪里就把美留在哪里。

据说，他既修缮了凡尔赛宫，又修缮了卢浮宫。

卢浮宫，之所以有今天，蕴含着当权者的功绩，包括拿破仑在内，他一定程度上继承了美，改善了美，也弘扬了美，他把美留在宫中，留在人们心中，他也把美刻在伟大的时空里。

友人说："不愧对今天的人，明天会对你微笑；丢失了今天的人，明天会给你烦恼。这也许是拿破仑修缮卢浮宫的启示！"

法国之冬，并不那么寒冷，我们一行四人来到了卢浮宫，可以说进入了一个神秘的艺术宫殿。

古色古香的古希腊古罗马艺术。

古代至今天的东方艺术。

难忘的古埃及艺术。

欧洲中世纪以及文艺复兴的艺术。

现代艺术雕塑。

简直是人类的艺术与美的体现。

从进入卢浮宫，就进入了一个神奇、神秘、神圣的宫殿。

让人不无感慨地赞叹：

人啊，人！

人是伟大的！

人创造了伟大的艺术，伟大的艺术又创造了人，并创造了美妙绝伦的世界。

这大海一般的艺术宫殿里，各种艺术精品数不胜数，美不胜收，艺海无涯。

一天过去了，一直徜徉在艺术的大海里，几乎每件艺术品，都使我感到人类社会各民族的智慧。当我面对每件艺术珍品时，我都如同和古代的智者对晤，谈心。这是美与美的交流、爱与爱的回响，是真正的令人流连忘返。

当我们走到楼下大厅左侧时，米格的维纳斯，突现在我的眼前，是那么纯洁！那么无瑕！那么美好！尽管我在地球村见过不少维纳斯的复制品，然而，今天我仍赞叹不已，这是艺术，纯粹自然的艺术。上帝啊！是那么有智慧，在大千世界里创造了一种独特的艺术品，这就是人体，其中，更令人向往的是女性的人体美，这也是造物主本身体态、心灵、智慧与艺术的再现吧！

这时，我想到拜伦、雪莱，这两位英国诗人，曾为她而倾倒；巴尔扎克、雨果也为她而垂青。这时我懂得了诗人需要美与爱。在维纳斯的曲线美中，形成一种无声的语言，这也许是美的音符，爱的节拍……

继而我又陶醉在米开朗琪罗的恋爱女神像前，和煦的阳光洒在她的脸上，从充满爱意的眼神中，看到了潜藏在人性中那对爱的渴望、对美的眷恋。

这时，我从一对对情侣的表情中，感到人们对爱的憧憬，这里没有三跪九叩，这里没有顶礼膜拜，这里有的是对男女之间爱情的深深向往，对青春美好的深深怀想。

人啊！怎能没有爱？

人啊！怎能没有情？

一个无爱、无情的世界，将是怎样孤寂？

怎样枯燥？

怎样令人厌倦啊！

然而，在人世间，哪里有那么多自由？

哪里有那么多欢快？

为此，在人类的艺术作品中，创造了许许多多的悲剧。

什么叫悲剧？

悲剧是把人生有价值的东西，毁灭给你。

什么叫喜剧？

喜剧是把人生没价值的东西，撕破给你。

在艺术宫殿里，人群涌动，心潮起伏，这一切都是默默地、默默地……

《胜利女神》是值得赞叹的。

自由！人类社会，如果失去自由，活着还有什么意义呢？

在大海之滨，在苍穹之下，她呼唤着胜利。

为了自由，为了胜利！

“不自由，毋宁死。”

“为了自由，要挣脱枷锁。”

“只有有了真正的自由，人才算是人，人才能活出一点滋味。”

为了自由而战，是一切正直善良人的天职。

怪不得，在欧洲人心目中，永远耸立着自由、平等、博爱的里程碑。

这也许是资产阶级的法则，无产阶级何尝不要自由呢？

这是一尊神。

是追求自由之神。

这是追求解放之神。

这是追求人类从根本上解除灾难之神。

她受过苦。

她受过罪。

她又把自己的一切献给了人类。

她袒露着女性独有的胸膛。

她支撑着，追求真理、渴望胜利的旗帜，一往直前，义无反顾。

给人以震撼！

给人以勇气！

她也是神，是自由之神，尽管她不在纽约，也许人们认为她属于法国，我认为她这种精神，应属于全世界。

她激励过许多艺术家！

她也激励过众多仁人志士！

当来到蒙娜丽莎像前，涌动的人流，都停下了脚步。

这是又一座女神，她沉静，她安然，她笑得那么深沉！

她的表情那么令人神往！

据说，当列奥纳多·达·芬奇画这幅画时，曾专门邀请了乐队伴奏，让蒙娜丽莎保持一种独特的心态。

这里包容着妇女的美的一切，包容着妇女心中一切的美。

谁能理解她？

她又能理解谁？

你中有我，我中有你！

路易十三，让她的女儿天天面对她。

拿破仑把她挂在自己家中，天天面对她，如痴如迷。

当她——这幅艺术珍品丢失后，法国大约有四万人为失去她而悲痛欲绝。

她的典雅、端庄、纯真。

还有她的安稳、祥和。

总之，她体现了女人、女性、女神的内在与外在。

从卢浮宫走出来的时刻，人们还陶醉在艺术之中。

这里的每一个女性，都是人，也都是神。

上帝与魔鬼都是人创造的。

每个女神，都是男性创造的。

当我从欧洲起飞，飞上蓝天，穿过白云，在我心中一直依恋着这一尊尊的女神。

她属于昨天。

她属于今天。

她属于未来。

未来，仍将是真善美掌权的世界。

无私！

无邪！

无畏！

在40万件艺术珍品中，这四位女神综合的魅力，征服了我的心。

啊！

让我们从一切艺术中感受美吧！

让我们多留下一些美，再让这一片土地、一缕彩虹，携一串令人陶醉的歌，让你我他都赢得一些人生的欢乐！

15. 柏林夜静思

月朗，风轻，笼罩着菩提婆娑树影。

德意志的月华，日耳曼的清风，施普雷河由南向北缓缓而行。

柏林墙，阻隔着东、西柏林的心声。

昨天，我还在北京，今天，我降落在法兰克福，来到柏林城。一座座白色的楼，一个个红色的屋顶，青翠的丛树，绿油的草坪。

东柏林人，来也匆匆。

西柏林人，去也匆匆。

尽管一个民族，变成两个国度，但是城市高楼林立，错落有致，相映成趣，无限风情。

人们渴望统一，人民渴望和平。

一个古老的民族，一个崭新的都城，却使人妻离子散，好梦难成。

望着月，望着星，想着普鲁士与法兰西之战，又想到德意志掀起的战争硝烟燃在天空。

歌德、席勒、海涅，能否再现？

贝多芬、莫扎特，能否再生？

胜利女神，凝视柏林都城。

勃兰登堡门，是柏林的象征。

历经200多年的历史，风雨沧桑，堪称德意志的历史见证。

也许有一天，柏林墙要被拆除，柏林人心上的障碍，也被推倒。

化干戈为玉帛，

化仇恨为亲情。

柏林人，不再留存纳粹的幻想，

德国人，不再做希特勒的噩梦。

德国人的聪慧、谨严的志气，

还有那坚毅、艰苦的作风。

让和平之花开遍大地，

让幸福之花开遍草坪。

那时，人群熙熙攘攘，

那时，车轮川流不息。

红灯停，绿灯行。

一切井然有序，按照国际规则，为全球树立美的风范，好的典型。

圆顶教堂，响起圣诗。

林荫小路，唱起情歌。

哪个青年女子不怀春，哪个青年男子不多情，如歌德的《少年维特之烦恼》，永远燃起青春的美梦，德国不再是纳粹的象征，而是让亲情爱情友情充塞满柏林城。

人们说：柏林，不再是法西斯的大本营，让和平、友爱的歌，飞翔在欧陆上空。

柏林，仍可称为欧洲的心脏。

它古老，又年轻。

东德西德的统一。

东柏林西柏林的合并。

空中飞来白鸽，是和平的寓意！

梦中响起和平之歌，是幸福的心声！

但愿欧洲无灾难。

但愿德国无战争。

但愿人世更多情。

到那时，柏林墙，永远成为遗迹。

一块块砖，

一片片瓦，

都被收藏在历史博物馆，伴随往日的战刀、标枪，让战神失去了梦，和平女神伴着自由女神迎着塞纳河上清清的风。

将来，柏林的上空，出现一连串的星星。

到那时，我再来到柏林，想起今天的情境，望着宁静的星河，高歌猛进，把酒临风。和平映着月，月呼唤人道！

和平伴着星，星呼唤人道！

我将用期望与渴望的心情，祈祷上苍用真爱抚慰人间生命。到那时，再请回歌德、海涅，听听他们心中的诗，也请回贝多芬，让我们听听他们心中的歌，让诗与歌伴着柏林城的和平与宁静，让那普普通通的百姓生活得安宜、平和、宁静。还有那历史的沧桑，如今的繁荣，让柏林多些诗的灵性少些战争中心的沉重。

16. 从春江花月夜说开去

多么美的诗的长卷！

多么值得向往的意境！

不可取代，难以再生。

一千多年前张若虚写下的诗，穿过时间与空间，流传至今，这里有美，有爱！

有景，有情。

“春江潮水连海平，海上明月共潮生。”

翻开人类的艺术史，谁能在一个题目中显示了五种自然美？

春——江——花——月——夜！

德国人史怀哲说：“玫瑰与百合飘然出尘的美，令人觉得它们有灵魂。”

从《乐府清商曲·吴声歌》的旧题，到浮艳的宫体诗，到张若虚手中，成为这首脍炙人口的诗，令人觉得它们有美好的诗魂。

德国人康德讲：大自然的秩序证明着宇宙这一建筑家的存在。

而张若虚就是这种具有独特美学思辨的建筑师。

它展示了人生哲理。

它展示了人生情趣。

他的诗，是诗之山。

他的诗，是美之魂。

诗人，不是上帝。

上帝，却应是诗人。

诗人与上帝，都是不可捉摸的。

德国的蒙田说："对上天最好的鉴定，就是不去鉴定它，换句话说：对诗人的鉴定，就用他的诗来鉴定他。"

无论换哪一种语言，

无论换哪一个角度，

似乎都无法体现张若虚在《春江花月夜》中所展示的景、所抒发的情。

当我们闭上眼睛背诵这首诗。

当我们闭上眼睛去唱这首歌。

这时，我们真的来到了春天。

这里，我们真的来到了江畔。

这时，我们真的抚摸着花。

这时，我们真的如面对一轮明月。

这时，我们真的如同在夜晚江畔望着春花、江月，想着心目中的人。

此时人比花好。

此时人如月美。

此时人如春江花月夜。

此时春江花月夜，如理想的人。

爱神与美神，是值得艳羡的。

爱神是父亲，美神是母亲，二位结合也如同老师。

它通过艺术的、文艺的诗与歌，提高人的品味与格调。

法国的莫里哀说："爱神是一个伟大的导师，它会在一瞬间，使一个视财如命的人变成慷慨的君子，一个胆小如鼠的人变成勇士，一个粗野无比的人变成彬彬有礼的绅士。它会使一个最笨拙的人变得敏捷，使最愚昧无知的人变得聪明伶俐。"

它，无论是诗，还是谱成的曲，都令人陶醉，今天似乎从梦中听到了这支曲，我默默背诵着：

春江潮水连海平，海上明月共潮生。
滟滟随波千万里，何处春江无月明。
江天一色无纤尘，皎皎空中孤月轮。
江畔何人初见月，江月何年初照人。

真的，从景写到情，又从情写到景，多么美好！

多么深刻！

多么纤细啊！

人生代代无穷已，江月年年只相似。
不知江月待何人，但见长江送流水。

这里，饱含哲理的哲思，多么令人动心？

当背到最后：

"斜月沉沉藏海雾，碣石潇湘无限路。
不知乘月几人回，落月摇情满江树。"

尽管我还不能逐字背诵下来，然而其中的含意，却深深地触动着我的情思。

"可怜楼上月徘徊，应照离人妆镜台。

玉户帘中卷不去，捣衣砧上拂还来。

此时相见不相闻，愿逐月华流照君。”

此种可望而不可及的情感，跃然纸上，此种可想而难见的情思，也体现在诗中。

这里有江南景色。

这里有人生哲理。

这里有男女真情之相思。

怪不得闻一多先生颂之为：

“诗中之诗，顶峰上的顶峰。”

我要称之为：

爱中之爱，

景中之景，

情中之情，

梦中之梦。

是艺术王冠上的艺术之星。

我永远也不会忘记其中的美，也不会克制此时的情。

让春江作证——爱心永在。

让明月作证——爱心永存。

今晚，它伴着我们渡过了黄昏暮霭，明天，它将伴着早上的海潮，伴着朝阳，飞歌起来……

春江花月夜

春江潮水连海平，海上明月共潮生。

滟滟随波千万里，何处春江无月明。

江流宛转绕芳甸，月照花林皆似霰。

空里流霜不觉飞，汀上白沙看不见。

江天一色无纤尘，皎皎空中孤月轮。

江畔何人初见月，江月何年初照人。

人生代代无穷已，江月年年只相似。

不知江月待何人，但见长江送流水。

17. 生与死的启示

我爱读《易经》，它让我懂得了阴与阳！

我爱读《圣经》，它让我懂得了爱与憎！

我默默地，走过了70多年的漫漫人生之路，我在探求着，我也在探索着。我在幼年，曾到过北平东郊的东岳庙，到过十八狱，到过九天宫；后来我在四川到过丰都城，到过鬼城。它让我理解了生与死，它还告诉我因与果……然而我却都没有十分理会。

今天，我参加了一位青年朋友的追悼会，又是白发人送走黑发人，这一瞬间又引起了我的遐思。

这时，我突然间迸发出这样一句哲理：

“生命本无意义，全靠自己赋予！”

人活着，为什么？

人死了，又到何处去？

怎样活得有情致？

怎样死得有意义？

过去，我也许是太多了些浪漫主义，太多了些理想主义，少了一些现实主义。我每天生活得无忧无虑，即使遇到崎岖坎坷，艰难险阻，我也总是充满着乐观主义，因为无论阴与阳，爱与恨，生与死，因与果，都有它的法则，它的规律。

天堂在哪里？

天堂不在天上而在人间。

地狱在哪里？

地狱在人的心里。

偶而读了一本索甲仁波切写的《西藏生死书》，它也给我以启迪，据说这是一本当代最伟大的生死学巨著，是一本最实用的临终关怀手册。

有生，自然有死，每个人迟早都需要面对死亡。当我们还活着的时候，我们可以用两个方式处理死亡，忽略死亡，或者正视自己的死亡。藉着对生与死的思考，以减少死亡可能带来的痛苦，不过这两种方法都不能让我们真正克服死亡……

在临终前，我们应当做些什么？

我认为，当人活着的时候，坦诚而潇洒，当人死亡的一刻，宁静而安详。

我曾研究过胎教，也研究过临终前教育。今天，似乎不是研究这些大课题的时候。今天，我从死者遗体走过的时候，突然间，看到这样两条寄语：

人在活着的时候，总该好好活着，不为自己而为那些爱你的人，因为死亡留下来的悲哀不属于自己，而属于那些活着并深爱你的人。

如何过好生命中的一天，生老病死乃人之常情，然而昨天还和你谈笑风生的朋友，今天却撒手而去，那对你的震动，无疑十分强烈，这时候你会怎样去思考人生呢？

虽不多，却给人以深切的启迪。

想想海外天主教、基督教、伊斯兰教：博爱，关爱……

这时，我懂得了，一个人活着时，多替别人想想，在临终前，也多替别人想想。

这时在一生中你会勇于承受苦难，又善于超越苦难。

平安地生，宁静地死。

生与死的前提是：为了别人，也为了自己，多干好事、善事，对己少一分私心，对人多一分爱心，处处为了他人，时时不为自己，少几分仇恨，多几分友谊。这才是面对生与死的人生真谛。

人，重要的不是活着，而是活得精彩而正派。

人，死是不足惧的，而是死有轻如鸿毛，有重于泰山。

爱人胜爱己！

助人胜助己！

即使受难，心也平安，正如基督所说：替人受难，是通向天国之路！

让我们通过生与死之门，趁着还生活在世上，世人还需要你的时刻，多献出一分良心，多一分关爱，多一分感恩。

我欣赏这种思辩：

爱吧，爱一切善良的人，即使你不爱我，我也要爱你。爱就是理解，爱就是体谅，爱就是奉献，爱就是无私，爱就是牺牲了自己，也要使人们得到安慰。

我最后想说，

人类有了爱，就没有跨不过的山。

人类有了爱，就没有克服不了的艰难。

18. 安慰一颗失恋的心

你说你失恋了。昏天黑地，前途渺茫，好像失去了一切。

我要说，不要过分悲伤。普希金在诗中写到：

> 假如生活欺骗了你，
> 不要悲伤，
> 不必心急。
> 阴暗的日子需要镇静，
> 相信吧，那愉快的日子即将来临。
> 心永远憧憬着未来。
> 现在却常常阴沉。
> 一切都会过去，
> 一切都是瞬息，
> 那过去了的，将变成亲切的怀恋。

是的，这难以忍受的一瞬，即将过去。

爱，是强烈的。

爱，是不可扼制的。

一个人生活在爱情的旋涡里，经常失意、失情、失态。其实应当冷静，因为理智会把智慧之门打开。

对未来的一切思考，应当出于理智的思辩。过去，值得的应当记住；不值得的应当让它成为过去，让它烟消云散。如果是真爱，就要理性地把握这难得又微妙的瞬间。

当然，明日，还有明日的时光。

普希金说：

“尽管冰冷的理智，

能暂时把爱情挡住，

并不等于以链子，

永远锁住爱的翅膀。”

爱情，

理智，

二者交替出现，

两者交相呼应。

如果理智渗透不了感情，感情也无法吻合理智，那无疑是爱的不幸。

总是那么理智，就永远不会有爱，也不可能有真情，百年好合，也是梦幻。

爱情不能完全代替思想，

理智也不能取代爱情，

爱情，有时是健忘的，它会忘记理智。

理智，是清醒的，它不应忘却爱情。

进而，我们还要懂得：

有所失，往往还有所得，

得到的，往往比失去的多！

列·托尔斯泰说，古往今来哪有一个堕入情网的女人，能够三思而后行呢？

一个人在爱时，要理智。

一个人在失恋时，更要理智。

理智些吧。

人有理智，同时也有爱情。

人有信念，同时也不应失去爱情。

爱情，也不可能放纵自己，万万不可失去理智。

爱情，不应当是非理性的，它不能失控。

她需要全面的思辩。

放纵情欲会导致灾难性的后果。

过分冷静，也会导致心理变态而失衡。

人不能失去爱情，也不能迷恋爱情；人不能对爱情不忠，更不能为爱而丧失理想，放弃生命。

莫用死板的教条折磨自己的心。

也莫用狭隘的逻辑摧残自己的魂灵。

19. 大江流日夜

55年，在宇宙长河中，只是微不足道的一瞬。然而在人的生命中，却显得那么遥远，那么深沉。在这半个多世纪中，沧海桑田，变化万千。

55年前，我时而在北平，时而在保定，时而在天津，1947年我主要在天津，当时，是一个：穷学生，打工仔，流浪儿。

那时，伴着我的是孤独，悲苦，凄冷，歧路亡羊，每天挣扎在饥饿线上，从北平到天津，从天津到保定，在平津保三角地带，扒火车，睡庙台，生活得十分艰辛。就是在这一年，我接触到几位地下党的同学，逐渐使我懂得了在这万恶的旧社会，存在压迫、剥削，这是一个十分残酷的社会，富人可以花天酒地，穷人却是难以糊口……求别人是没法活的，只有自力更生，艰苦奋斗，才能生存。同时，我也在以后的革命实践中懂得了忘记过去，就意味着背叛，忘记过去，就意味着重蹈覆辙。

继而，在北平一位朋友那里读到一本《大江流日夜》，使我看到了在平、津、保这三座城市之外，还有另外一个天地。那就是解放区，那里有光明，那里有希望，那里能学习，能工作，那里英雄有用武之地，这就是《大江流日夜》中所描述的华北大学，即中国人民大学的前身，它在河北正定。

那里有校长吴玉章、范文澜、成仿吾。

那里有众多学者，丁玲、艾青、钱俊瑞、李新、艾思奇。

那里有解放区特有的大秧歌。

那里有《赤叶河》、《白毛女》。

还有《解放区的天是晴朗的天》、《东方红》、《团结就是力量》等歌曲。

这时，我下定决心，要到解放区去，我在天津就做好了准备，当应邀回到北平，准备出发时，我的引路人却遭遇到不幸，上了国民党的黑名单，被捕入狱。我作为一个十六七岁的孩子，又是流离失所，不知所往，不知所归。这时，北平解放，我实现了自己的理想，来到河北正定到华北大学学习，这是我们心目中的延安。这是我生命史上的一大转折。

我们在露天广场，坐着小马札听大课。

我们在篝火晚会上看《白毛女》。

我们在小油灯下，读《大众哲学》，读马列主义。

我们这些小知青，逐渐懂得了生物进化，也懂得了辩证唯物主义、历史唯物主义，同时，也学习了《新民主主义论》、《论联合政府》，也学习了《将革命进行到底》。在那如火如荼的日子里，我们又脱下了灰色的学生服，换上了绿色的解放军军装，参加了南下工作团，从河北到山东，又到河南跨过长江，到了湖北、湖南，之后，又进军两广，直到海南岛。在此期间，经受了战争年代的风和雨，在南下过程中，使我们永难忘记的是谭政、陶铸、邓子恢、张爱萍等的谆谆教导，引导我们树立了唯物观点、辩证观点、群众观点、劳动观点。我也从一个革命青年联盟的小盟员，成为新民主主义青年团团员，后来又成为中国共产党党员。

战争的艰险，群众工作的艰辛，行军的艰苦——对我们来说都是磨练，这一切使我们懂得了：“艰难困苦，玉汝于成”，也懂得了成就伟大事业的往往不是那些幸福之神的宠儿，却是那些遭遇过诸多不幸，发愤图强的苦孩子。50 年过去了，回顾这一段人生道路或称之为革命生涯，也可称之为军旅生涯，是永难忘怀的。

在战火纷飞的年代，我的同学和战友中：

有人牺牲了，献出了自己年轻的生命。

有人负伤了，肢体残了，两目失明了，丧失了起码的工作能力。

前几年，在北京中山公园音乐堂聚会时，我们南工团二分团的团长曹诚将军说：

“50年前，风华正茂的青年，今天已经成为满头银发的老人。

到会的，是战争年代的幸存者。

现在绝大多数已离休了。

现在绝大多数人已满头银发了。

只有李燕杰同志还满头黑发，还在工作岗位上，而且，从普通一兵成为知名教授。”

同学们说：“李燕杰是南工团的骄傲。”

当我听到这些话时，既高兴，又惭愧。高兴的是自己这50年的革命生涯，得到老师、同学的肯定，惭愧的是对革命的贡献却微乎其微，有时，还患得患失……在工作中还未能像同学中烈士们那样无私无畏。

50年过去了，作为一个年过古稀的“低龄”老人，似乎还有余力，特别是前些天在上海演讲，过后，一位主持人说：

“李先生是四十岁的心态，五十岁的容颜，七十岁的年龄，八十岁的智慧。”

我说他吹牛，也不上税，八十岁的智慧，有两种可能，一种可能是聪明一点点，另一种可能是傻呆呆，但愿不属于后者。

抚今追昔，感慨万端，我这50年中，虽然也遇到过诸多挫折，或说遇到过不少磨难，但毕竟还算平稳，在大起大伏之中，在各种风波之中，没有垮下来，朋友们讲当一些老战友慨叹“年龄老化，血管硬化，思想僵化，准备火化”时，我还能告诉大家“高官不如高薪，高薪不如高寿，高寿不如高兴”。

后来，我从部队来到地方，在教育事业中继承发扬解放军南工团的优良传统，去组织群众、宣传群众，借助讲与写为武器继续宣传真理，讴歌真善美。时而演讲，时而写诗，时而写书法，时而著书立说，迄今已到过海内外600多个城市，演讲4300余场，写诗3000余首，写书法20000余件，著书40余种，被誉为：

大众诗人

民间书法家

爱国主义演讲家

人民教育家

巡回大使

民意代表

迄今已拥有680个社会头衔，基本上是属于民间的、大众的。我的一切都与人民群众息息相关的。我为此而感到自豪与骄傲，在回顾这50多年的历史时，我可以问心无愧地说：没有辜负华北大学与南下工作团的教导与栽培。

20. 西雅图怀思

即使你们把我身上的衣服剥得精光，一个子儿也不剩，然后把我扔在撒哈拉沙漠的中心地带，但只要有两个条件——给我一点时间，并且让一支商队从我身边走过，那要不了多久，我就会成为一个新的亿万富翁……

这是比尔·盖茨笔记上记下的洛克菲勒的名言。

——题记

太平洋的电闪，伴着大西洋的雷鸣。

从亚洲到美洲。

从北美到远东。

波音767，送我在高空飞行。

三藩市、洛杉矶、拉斯维加斯……一个又一个难以忘怀的梦幻之城。

前些日子在此降落，今天，又要从这里起飞，飞回我心爱的北京。

西雅图啊!

这是一个奇特的城。

带雨的乌云，又可能飘过奥林匹克山峰。

风兼雨，

雨兼风。

风风雨雨跨跃长空。

人们越过普及特湾，进入城市上空。

这里有众多人的向往。

这里有众多人的怀梦。

时而雨洒城郭。

时而雨霁天晴。

晶莹的流水包围着这座美丽的城。

海浪奔涌。

山峰高耸。

当小卧车转过这座小城，

映入眼帘的是浓阴密布，

又是绿色葱茏。

这里万物生长。

这里有名人名胜。

如果说，波音公司是空中明星。

那么，这里孕育着微软公司和微软英雄。

人类在进步。

人类在奋争。

科学，不仅要使人飞上天宇。

电脑，也要飞到千家万户，飞入人们心中。

华盛顿湖，

是万顷碧波。

是碧波万顷。

这里，时而星光闪烁。

这里，时而皓月当空。

这是他的乐园。

这是他的天空。

他的所爱，

他的所梦。

记住比尔·盖茨的名言：

“只要我竭尽全力，我就能做成任何我愿意做的事情。”

华盛顿湖畔，有种种誓言。

这里有事业的冲动。

这里也有爱情的萌生。

情谊伴着事业。

伟业伴着真情。

观念加时间，才是真正的财富。

真诚加奋斗，才能利于事业成功。

一个人，使一个城市声名远振。

一个城市，又哺育了一个又一个英雄。

父亲的指南针，影响了爱因斯坦的事业。

计算机作为一个神奇之物，也影响比尔·盖茨的一生。

有志者事竟成！

有志者事早成。

人的一生，有立足点。

人的一生，更有切入点。

我们主要搞的是软件——计算机的灵魂！

在梦中也在编程序。

比尔·盖茨也许有特异功能。

他作为西雅图之子，

在全球掀起了计算机旋风。

他被称为电脑帝国的拿破仑。

他被誉为信息时代的福特。

他被称为时代的精英。

人们说：他有了进入千家万户的钥匙，他将无所不能。

这不是呓语。

这绝非幻梦。

他是从西雅图飞起的一只雄鹰。

我绝非在艳羡一个富豪。

更不会单单为了赞美一个个人英雄。

我在思考着人类又进入了一个新的时代，我们不能停留在昨天，更不能停留在过去。

我们今天应当总结西雅图的历程。

在西雅图王国，有一位至尊，他就是一部完美的计算机发展史。

在这一页又一页的日历中，展现了信息时代的基本轮廓和前进历程。

比尔追求卓越的渴望和敢于冒险的天性。

盖茨棋先一着，并最终获得事业的恢宏。

胸怀六合，

气吞山河。

西雅图啊，我不虚此行。

普及特湾在西，

华盛顿湖在东。

运河联系在其间。

巍然屹立着雷尼尔山峰。

波音公司代表人类飞行的运行极限。

比尔·盖茨标志着人类智慧和理性攀登的高峰。

毅力、创新、坚定造就了亿万富翁。

我站在机场跑道上边，望着空中的天蝎座，我渴望在中国的土地上也能在遥望牛郎织女时，祝贺中国尽早出现一颗又一颗新星。

要比尔，也要保尔，要比尔的智慧，也要保尔的忠诚。

21. 爱在戈壁荒滩

有人说爱海，有人讲爱山。

我却要说，既爱海与山，更爱戈壁荒滩。当我们出了关，来到内蒙古，来到新疆戈壁滩，一路荒渺无人烟，然而，我还是要追求这里的白云与蓝天。

驼铃伴着驼蹄。

雄鹰振翅在远天。

在广阔无垠的荒漠中，我有了一种渴望，这就是小溪畔的炊烟，绿洲边的羊群，人总是要有希望的。

世界上最伟大的美德是爱国，人们基于一片爱国心，有理由让荒漠变成良田，让戈壁变成港湾。

为了实现人类的理想与愿望，曾有众多的仁人志士，从肥沃的田野来到沙漠中的荒原，而且告诫人们：志不强者力不达，言不信者行不果。

云漠漠，雾茫茫。沙石漫，野草黄。哪里是终结？哪里是希望？

这时，我联想到：

"一片沙漠，如果没有清泉与绿洲，就失去了希望。"

"一个没有书的房间，正如一座没有窗子的建筑，一双没有目标的眼睛。"

"一个没有智慧的人，即使长得再酷，也不会有大出息。很难实现理想。"

荒漠，需要流泉。

房间，需要书籍。

人类，需要智慧。

有了书籍就有了知识。

有了窗户，就能透入空气。

有了智慧，就可以顺应自然，战胜困难，走向幸福。

这时，我又联想到：

大海，比不过长空。

长空，比不过人的智慧。

世界上没有什么比人更伟大，在人之内，没有什么比心更伟大。

人，要有广阔的胸怀，要有仁慈的爱心，帮助别人，胜过自己，把荒漠变成良田。

如果说，我们从前人智慧的创造获得利益，我们也应自愿地用自己的创造，造福全人类。

如果说：大千世界，是财富之母，智慧与劳动，就是财富之父。

人类为了追求真理，在摸索中，逐渐懂得了天下真理，只有一个，是与非而已，是便是是，非便是非。

为了真理，为了是非。

所谓真理，就要利于人民。

所谓是非，就看是否对人民有利。

此一是非，彼一是非，是非之中有真谛。

为了人民，为了大众，要踏平荒沙，走出一条条路，通向绿洲。

鲁迅说："人的生命是宝贵的，但真理更可贵，生命牺牲，而真理巍然于天下，这死是值得的。"

是的，在荒漠而又幸运的丝绸之路上有奋斗，有牺牲，但更多的是人类之间的交流，是时间与时间的沟通，是空间与空间的搭界，是突破了那些古往今来认为不可能实现的，而人们总结出两个字，这就是奋斗。

当联想到有人狂叫用导弹使某些地区化为灰烬时，我就想到，在这荒漠的土地上展现的也不过如此。猛然想到诺贝尔先生的一些名言。

"我是世界的公民，应为人类而生。"

"生命，那是自然赋给人类去雕琢的宝石。"

"如果有一天，两方军队能在一秒钟内彼此消失，一切进步的国家将恐怖地退出战争。"

"战争是恐怖中的恐怖，各种罪恶中的魁首。"

"只有好的愿望，并不能确保和平。"

"普及教育即普及繁荣。"

从他这些言论中，可以清楚地感到他是要和平的！

然而，人类社会却难以和平共处，大自然也难以平静。

以新疆为例，在两亿年前是一片汪洋。

乌鲁木齐东距太平洋 2500 公里，西到大西洋 6900 公里，北距北冰洋 3400 公里，南距印度洋 2200 公里，在乌鲁木齐发现了大量化石，有许多鱼类化石，还有大量珊瑚、菊石等等。

在这千变万化中，看到沧海桑田。

难道今日的戈壁，就不会变成良田么？

我们要为此而奋斗：一个人不可能完美，但在奋斗中达到卓越，却是可以实现的！

点亮人生

第五章 我是李燕杰

我不是一位天才的诗人。

我不是一位睿智的圣哲。

然而，我要用诗歌启迪众多人的人，我要用哲理震撼众多人的魂。

我从“文革”中走了出来，在百废待兴的年代，用那独特的语言，打开了一个新天地，打开了一扇扇心扉。

让失意的儿女，带上无限感恩的人，握着珠链，叙述着……

1. 春天，寻找我的传奇

所有的生命都是在寻找着自己的传奇。地球是生命的摇篮，而她已经44.5亿岁了。

1930年的春天充满着诗的意味，尤其在中国北平这座古老的象征专制皇权的城市，它的诗意正不紧不慢地逼近一个女生——北平女子文理学院的张之英。她做了一个比这个春天更意味深长的梦，梦中她看见一幅传世油画，画面上的碧绿草原一望无际，草原上牧羊女若有所思，在身边，是洁白的羊群如云……

充满青春想象力的张之英把这个梦奉若神明，她在想：耶稣基督牧羊，他牧放的是芸芸众生，而我孕育的孩子也是上帝的子民。似乎由于这个梦，张之英后来才成了虔诚的基督徒。

1930年10月25日，李燕杰在北平诞生：男，3.3kg，51cm，血型A，天蝎座。

2. 见证

万物皆备于我，我是否备于万物？

——题记

每个时代都会孕育出自己的爱做梦的孩子，这些孩子可能历尽磨难，可能陷入绝境，但他们的梦想，却从不停止，并时时昭示着人类前进的方向。

张之英的梦想无疑在长子李燕杰身上也打下了烙印，对于呱呱坠地的孩子来说，他还不能完全理解梦想、母爱和中华民族陷入的空前危机，以及这场危机带给全民族的灾难（1931年“九一八”事变到新中国的成立）。

不能完全理解并不代表以后也无法理解，至少李慎言是这么想的。作为清华大学国学系的研究生，他师从梁启超、王国维、陈寅恪、赵元任。后来，他转到北平大学继续读研，导师为三沈、二马、两周，即：沈尹默、沈兼士、沈士元、马衡、马裕藻、周树人（鲁迅）、周作人，其他授课老师还包括钱玄同、刘半农诸先生。

出于一种护爱，更出于一种自己的期望，李慎言经常带着孩子李燕杰拜望名人，游览名山。名人包括鲁迅、周作人、丁玲、沈从文、俞平伯、叶圣陶、梁子美、钱稻荪、李苦禅、郭维城、侯润泉等。

所谓名山，则只不过是隶属北平市的中山公园、北海、香山、颐和园、十三陵等等。

母亲是天生的老师，天才的导师，与生俱来的母爱是这一切的源动力。张之英的爱如滔滔江水不断，就像她为儿子描绘的一个个童话世界。

3. 冬天的童话

对人生来说，童年意味着一切。

所有的生命在幼小的时代都能饱受母爱的呵护，它使一种几乎不可能的爱成为可能，成为现实，这是生命的神迹所在，更是人生的神迹精髓。

如同鸟儿筑巢一样，童年总是用信手拈来的杂物构建起自己的宫殿，无与伦比又独一无二。在这座宫殿里，一切都是黑白分明的，真与假、善与恶、美与丑、爱与恨、好与坏……

李燕杰的童年惬意、美满，妈妈张之英、姑母李东初都是教师，李燕杰作为他们的掌上宝贝，集各种恩宠于一身，也将集各类童话、神话、儿歌、诗歌中的浪漫、勇敢、坚定、豪放、伤感、柔弱、害羞、失望于一身，这是多么色彩斑斓的世界啊。

母亲的爱抚和神话故事的魅力，使李燕杰忘掉了现实生活中的苦难，沉醉在一种美好神奇的幻境之中。

《卖火柴的小女孩》、《农夫和蛇》、《静夜思》、《夸父追日》、《精卫填海》等文学作品如同一扇扇窗，为李燕杰打开了一个个奇异的世界，其实何止一扇扇窗呢？它们如同一扇扇门，为李燕杰敞开着，为所有的孩子们敞开着，孩子们总是情不自禁地推门而入。

天使与魔鬼幼年时代并无二致。在这一个个图文世界里，所有图文中的英雄、神仙、小女孩、农夫、蛇、狼、羊、大海、房子、森林……都复活为栩栩如生世界中的一部分。

张之英、李东初深知孩子的特性，在她们看来，她们是让李燕杰进入另一番天地的道具（当然在生活中她们是无可争议的主角），她们娴熟地应用声音、眼神、手势、动作、物品自然地完成这种轮换。

4. 父亲的文学梦

作为清华、北大研究生的李慎言，他的文学是其梦想与理解的延伸，尤其是鲁迅、周作人、梁启超、王国维等大师级的点拨与激励，更让他热血沸腾，激情澎湃，呕心沥血。

他身兼数职，既要教大学的课，还兼着中学课，同时利用课余时间读书，写书。

1936 年，是不平凡的一年。这一年，有一个人在李燕杰童年的心灵上留下了深刻的印记。10 月 19 日早晨，鲁迅先生与世长辞。李慎言、张之英均十分崇敬鲁迅先生，他们买了很多他写的书，家里还珍藏着他的画像。

当李慎言得知噩耗时，他禁不住痛哭起来，李燕杰惊呆了，一向坚强、和蔼、乐观的父亲哪里流过泪，他一时不知所措，只是静静地、远远地看着父亲对着木刻像长久发呆。

父亲一把将还不谙世事的李燕杰搂在怀里，右手抚摩着一直摆在他桌面上的鲁迅木刻像，轻声说道：“鲁迅可是个难得的好人呵！爸爸去老虎尾巴看望过他，还在八道湾见过他和他的弟弟。这样的人才，中国太少了啊!”李燕杰清楚地记得，爱好书法的父亲，曾经在宣纸上一遍又一遍地写着鲁迅的名句：“横眉冷对千夫指，俯首甘为孺子牛”、“寄意寒星荃不察，我以我血荐轩辕”。父亲一字一句地教李燕杰念这些诗句，尽管当时的李燕杰还无法懂得字句所蕴含的深刻思想，但他幼小的心灵，却感受到了诗人某种燃烧着的激情。“高山仰止，景行行止，虽不能至，而心向往之……”李燕杰曾经真诚地盼望自己长大后再见一见这位伟人，而这竟成了逝去的梦，他只能带着不可挽回的遗憾去怀念先生了……

李慎言流着泪，从街上买回几本刊有鲁迅遗容的照片和有关报道追悼会的杂志、画报——鲁迅的遗体上，覆盖着写有“民族魂”三个大字的锦旗，人们在他的遗体周围失声痛哭，殡仪馆笼罩着深沉的悲哀。那些日子，李燕杰家里的气氛也是异常的沉闷。

鲁迅先生成了李燕杰心目中第一个了不起的人物，一位圣人。在以后漫长而曲折的人生道路上，这位伟人成了他精神领域中最坚固的支柱。

一向甜蜜的心被深深刺痛了，幼小的心灵似乎也被神圣的灵魂力量击穿了，空洞，夹杂着空灵，尤如地狱的黑洞，宇宙的黑洞，吞噬着目所触及的一切，心所触及的一切，当然，这也是真理黑洞的一部分。

5. 北平，沦陷

魔鬼不是物质之王，魔鬼是精神之傲慢，是无笑容的信仰。

——埃柯

1936年9月，李燕杰进入京师第三小学，即北平新鲜胡同小学。由于在家已念了不少书，尤其是父亲的好友尚节之（字秉和）先生也经常来家聊天，讲《西游记》、《水浒传》、《易经》，绘声绘色，让人身临其境，学校的课哪能跟那比啊。

但有一堂课让他刻骨铭心，1937年7月7日，日本发动“七七事变”，北平沦陷了。

在一片亡国奴的叹息中，学校发出通知，学生必须学日文，李燕杰的新班主任为日本老师根本女士，还有一位是赤掘先生。

就在交接教鞭之前，原班主任代老师特意为全班同学讲法国都德的《最后一课》，平时喧闹的课堂突然变得寂然无声，每一颗幼小的心灵仿佛都成为了书中的小弗郎士。

孩子的悲伤更为彻底与绝望，李燕杰沉默了好几个礼拜，他似懂非懂这眼前所发生的一切，难道以前构建的童话世界不存在？不，生活本身也是童话世界的组成部分，眼前不正是“善被恶欺”吗？但这或许不会长久……

6. 卖报纸的小男孩

对一个小孩最残酷的待遇，就是让他“心想事成”。

——柏拉图

奉鲁迅为宗师的李慎言，自然也没有丝毫的媚骨。由于不肯被日本人驱使，李慎言几乎失业。李慎言的半失业状态使整个家庭的生活马上陷入了困境，一个才高学富的知识分子就这样被抛出了那个时代的主流，开始为生计奔波。李慎言夫妇既使工作再辛苦，收入仍是十分菲薄，李慎言有些自责，却也无可反悔，只要他愿意，他仍然可以在日本体制系统内谋个一官半职，至少可以领取不菲的薪水。可他不愿意，“安能摧眉折腰事走狗?”又“怎能安食嗟来之米?”这一切，张之英看在眼里，她选择李慎言就因为他这副傲骨。是的，人生应该有比吃饭更重要的东西，那是一种生命的尊严，灵魂面前人人平等，没有贵贱之分，人生也有比生命更宝贵的东西，那就是人格的独立，还能有谁比她更理解李慎言呢?

一个昔日优越的知识分子家庭，不得不动员每一个有行动能力的成员扎紧腰带为家庭挣些补贴。作为长子，李燕杰首当其冲，他还来不及想得更多，他只感到肚子空乏，可家里鲜有米下锅，这时的李燕杰毅然走上大街卖起了报纸、烟卷，9岁的报童与“卖火柴的小女孩”年龄相仿。李燕杰沿街喊着：“卖报纸呀，卖烟卷呀!”他怎么都隐约感到有个小女孩在附近什么地方清脆地叫着“卖火柴呀！卖火柴呀!”

是啊，小女孩比自己苦得多，她在大雪天还没有鞋穿呢，她的妈妈还生着病呢……

可他又似乎觉得两个声音都发自自己的喉咙。这是幻觉，还是真的，他自己也分不清了。童话中的小女孩越飞越高，飞到没有寒冷，没有饥饿的天堂里去，和上帝在一起了，可人们却看到她冻死在墙角，她脸上放着光彩，嘴边露着微笑呢。

7. “淘气大王”转学记

好奇、好动是孩子们的天性，但生活使李燕杰动中有静，静中有动。为什么呢？他一面上街叫卖，一面在校念书，晚上他还读《一个苦儿努力记》，书中主人公仿佛是自己的真实写照，这何止贴心人哪，简直是知己，铁哥们。李燕杰心中涌起某种莫名的感动，夹杂着淡淡的惬意。

四年级了，李燕杰显得特别瘦小，却分外调皮，人家在打秋千，轮不上他，他就在秋千架的横梁上反复走过来，走过去，几乎把老师们吓坏了。

这还不算，由于李燕杰在家里早已开始了系统的念字读书，所以语文课对他来说是小菜一碟。有一个老师的发音不太准，只要一有偏差，李燕杰便高高举起自己的小手，同时高声脱口而出：“错!”并立刻给老师纠正。为了说服老师，李燕杰还把家里的字典放在抽屉中备用，这老师哪里受得了。

于是，“调皮生”面临着被歧视的境地，可李燕杰哪里知道这些，他玩他的，他说他的，可谓乐在其中。这给李慎言与张之英出了个难题，怎么办呢？学一定要上，孩子除了调皮点，确实也没什么大错呀！

1940年，李燕杰转学到了北平史家胡同小学。

令李燕杰想不到的是，当他第一次见新班主任白老师时，白老师劈头就说：

"我听你父亲说你很调皮，不要紧，只要不打架，除了学习之外，你负责班里的壁报吧！"

以前的老师对李燕杰批评较多，鲜有表扬，更不用说赋予重任了。白老师教育学生坚持无偏见教育原则，这让李燕杰大为振奋，尤其给予了他对学校的信心，对自己的信心。

当第一次壁报出来后，白老师就在全班同学面前赞扬李燕杰的写作才能、策划才华，并给予李燕杰充分的鼓励。

于是，新鲜胡同小学的调皮生在史家胡同小学变成了优秀生，变成了班干部。

8. 做最有生产力的事

在白老师的鼓励下，李燕杰的写作天赋渐渐表现出来，他的作文通常成为在班里念诵的范本了，白老师还建议李燕杰参加一些作文大赛，并介绍一些杂志、报刊给他，让他投稿。

1941 年 4 月 4 日儿童节这一天，李燕杰的《我的志愿——老师》在报纸上刊发了，并获了奖。此事轰动了全校，李慎言夫妇的脸上也露出了欣慰的神色。

文章中，李燕杰写道：我从小渴望当英雄，渴望成为诗人，但天下所有英雄与诗人都是老师教育出来的，因此，我确立了自己的志愿——教师。

教师被誉为塑造人类灵魂的工程师，这是一个多么神圣的职业，又是一个多么具有生产力的职业啊！别的职业研究物，生产物，而教师却研究人，教育人，塑造人。是啊，还有什么事业比塑造人更雄伟宏大呢？

之后，这篇文章被收入老二酉堂编辑的《学生模范作文选》，李燕杰的其他文章也开始陆续在报刊上发表，同时入选各种模范作文选，这个昔日在老师眼中"不好教育的调皮生"竟然成为史家胡同小学的光荣。

在白老师的指导下，李燕杰在班上创办的壁报可谓多姿多彩，并美其名曰《国光周刊》。

9. 生活就是谋生

有一天，上帝对教士说："来，我带你去看地狱。"他们进入一个房间，许多人围着一只正在煮食的大锅坐着，他们又饿又失望，每个人都有一把汤匙，但是汤匙的柄太长，所以食物无法送入口中。

"来，现在我带你去看看天堂。"上帝又带教士进入另一个房间，这个房间和上个房间的情景一模一样，也有一大群人围着一只正在煮食的大锅坐着。所不同的是这里的人看起来快乐又满足，他们的汤匙和刚才那群人一样长。

教士奇怪地问上帝："为什么同样的情景，这个房间的人快乐，那个房间的人却愁眉不展呢？"

上帝微笑着说："难道你没看到，这个房间的人都学会了喂对方吗？"

李燕杰不仅壁报办得有声有色，文章写得如火如荼，他的学习成绩也在突飞猛进。1942 年 2 月，偌大的北平城仿佛突然变成了严肃的考场，这里正在进行意志的竞争、智力的角逐——同时报考北平二中的上千名小学毕业生汇聚在这里，每个人都调动着自己的全部记忆与灵感，每个人都抱定了力挫群雄、独占鳌头的信念。但经过考试，幸运的桂冠将只能戴在 90 个少年的头上，这使每一个应试者兴奋、紧张而又惴惴不安。李燕杰的大脑清晰得仿佛刚用水洗过，平时下的苦功夫终于得到了回报，他顺利地答完了所有科目的考题。

几周之后，李燕杰接到了录取通知书，全家人高兴异常。李慎言从少得可怜的生活费中抽出几元钱，亲自为李燕杰买了上中学要用的文具、纸张；母亲则把他的破书包洗得干干净净，又一针一线细细地把它修补好，紧接着熬夜为他缝了一件新的学生装。而当他们听说新鲜胡同小学有些同学落选的消息时，张之英怜悯地叹了一口气，高兴之余夹杂着淡淡的惆怅。

李燕杰觉得离理想越来越近，他内心的斗志与渴望被唤醒了，他强大的内驱力也逐渐奔涌而出，他开始大量地读诗，古今中外的佳作让他沉浸其中，流连忘返，他一边读着，一边写着，俨然一位诗歌王子徜徉在这片光辉、神圣、纯美、真实、浪漫的诗歌王国中。“精卫衔微木，将以填沧海。刑天舞干戚，猛志固常在。”“秦时明月汉时关，万里长征人未还。但使龙城飞将在，不教胡马度阴山。”“安能摧眉折腰事权贵，使我不得开心颜！”“长风破浪会有时，直挂云帆济沧海！”……这些气势磅礴的诗句，屡屡使他热血沸腾。他渴望早日学好本领，像那些英雄们一样，为民族、为正义而奋斗。他对未来的中学生活充满了希望。

然而，当他怀着略带幼稚却分外纯净的愿望跨入北平二中的校门之后，他才逐步懂得，在那样一种社会环境中，要想实现自己的理想和抱负是多么困难。生活的重担压得他喘不过气来，有的同学可以无忧无虑地念书，而他，作为长子，却要为父母分担家庭生活的忧愁。他经常早晨四五点钟被母亲叫起来，顶着星星去排队买豆腐渣，以使全家人勉强糊口。家里穷得买不起煤和其他日用品，他竟不得不经常放弃学业去捡煤渣，卖报纸、火柴、香烟，干各种零杂活。当人们看到一个衣衫褴褛、蓬首垢面的孩子时，谁也想不到他这个12岁的孩子，还是一个名牌中学的学生。父母感到对不住他，每当他拖着疲惫的脚步回到家中，把好不容易挣来的一点儿零钱交给张之英时，她总要强忍着眼泪，用充满爱怜的声音劝慰说：“好孩子，明天去学校上课吧，别再到处找活儿干了！”可是，眼看着围着妈妈喊饿的弟弟妹妹们，看着家里贫困凄凉的景况，李燕杰又怎能安心去念书呢？

“生活对我竟是如此的不公平！”他诅咒这种不公平，但他并没有被屈辱所压倒，他要顽强地生活下去。

10. 挺住意味着一切

幸福的家庭都是相似的，不幸的家庭各有各的不幸。言外之意就是：幸福的途径只有一种，不幸的道路遍地都是。

——题记

那个年代充满了民族、国家、家庭与个人的苦难。

1944年，李燕杰家里陷入空前的困难，连饭都吃不上了。

这个著名中学的高材生，这个才华横溢内心高贵的诗歌王子穿着破旧的衣裤、蓬头垢面地在工地上做着泥巴活。

这是一座日本人开的工厂，这里的岁月是让人难忘的，因为每一刻都浸透着李燕杰的血和泪，浸透着每一个“小包身工”的苦难和叹息。从侮辱人格的搜身，到粗暴野蛮的毒打，到霉烂低劣的伙食……这些难以承受的折磨和苦痛，沉重地压在他——一个14岁少年稚弱的躯体上。但正是在这里，他渐渐懂得了什么是压迫，什么是剥削，开始懂得了什么是被压迫、被剥削者的仇恨。

他深深同情所有像他一样失学的少年，他体验着被剥夺读书权利的痛苦。

张之英闻讯大惊失色，她一时几乎说不出话来，李慎言的反对同样没有动摇李燕杰的决心。这时的李燕杰举例、引用“男子汉志在四方”、“天生我材必有用”、“天涯何处无芳草”、“天将降大任于斯人矣，必先苦其心志，劳其筋骨，饿其体肤，空乏其身，行弗乱其所为，所以动心忍性，增益其所不能”、“不经磨难非好汉”……

张之英仍不同意，可是不同意也改变不了眼前的事实，以及事实继续发展的理由。

穷人的孩子早当家，就这样，高材生、诗歌王子日日夜夜做着旋床、铣床、钻床……这不是自弃，而是自强，是从生活最艰辛的底层的奋力而起。

如果一个人经不住生活的考验，条件再好，也只能碌碌无为一生，如果一个人可以经受住生活的考验，而生活没有给予他这个机会，这是多大的遗憾啊。在困难面前，怨天尤人者固然大有人在，而对于“修身齐家治国平天下”的志士来说，困难是必需的，没有困难，他们也将失去挑战自我的机遇，并最终丧失自我。

11. 被书诱惑

除了工厂的劳动，学徒们还经常被强迫“勤劳奉仕”，挖防空壕、筑碉堡、修桥、补路等，期间，李燕杰饱受折磨，遭受日本侵略者的欺凌。

1945年8月15日，有个学徒工从小收音机中得知日本投降了，于是，在夜里，他们几个爬起来，撬开工厂大门，但里面只剩了些毛巾、铁锹之类的东西，看来日本人似乎还想坚壁清野呢！

随后，被折磨的瘦小的李燕杰从工厂解放出来了，知子莫如母，张之英一眼就看到了李燕杰蜡黄的病容。“这不会是得重病了吧？”张之英收紧了心。

9月初，张之英带着李燕杰上医院检查身体，大夫几乎惊叫起来：“要是晚来一会儿就没命了！”作为严重伤寒患者，李燕杰住院了，但治疗并不见效。

心如刀割的张之英充满了自责、愧疚，看着眼前孩子的病样，母亲的眼泪簌簌地往下流。但李燕杰并不知道，这些日子，死神一直在他头顶盘旋，即使此刻，它也不曾离开半步。

“孩子有救吗？能活下来吗？一定能，一定能！”张之英在心里问了自己无数遍，问了命运之神无数遍，也回答了无数遍。她实在觉得欠孩子太多，她想弥补，想救赎自己（她竟然生出了原罪感），她要满足李燕杰“最后”的愿望，她问：“燕杰，你想要什么？”李燕杰孩子般的愿望竟然马上被激活了：“我想要篮球。”张之英又一阵呜咽，饭都吃不上，哪有钱买篮球，她几乎身无分文。

就在李燕杰不断与死神擦肩而过的日子里，他仿佛获得了生命中真正的沉静，他从一个喧闹的、体力的、沉重的世界突然掉进了一个寂静的、轻曼的、空灵的世界里。他的理性变得从容起来。

有一天，他苍白脸上的眼睛渐渐焕发出一丝春天般的生机。

原来，是鲁迅的《野草》、闻一多的诗选、胡适与俞平伯诸先生的文论等综合作品摆在了他的病床边。病中的他拿起了一本闻一多的诗集，他反复默念着《死水》：

这是一沟绝望的死水，清风吹不起半点漪沦。
不如多扔些破铜烂铁，爽性泼你的剩菜残羹。
也许铜的要绿成翡翠，铁罐上锈出几瓣桃花；
再让油腻织一层罗绮，霉菌给他蒸出些云霞。
让死水酵成一沟绿酒，飘满了珍珠似的白沫；

小珠笑一声变成大珠，又被偷酒的花蚊咬破。
那么一沟绝望的死水，也就夸得上几分鲜明。
如果青蛙耐不住寂寞，又算死水叫出了歌声。
这是一沟绝望的死水，这里断不是美的所在，
不如让给丑恶来开垦，看他造出个什么世界。

他的心被鲁迅、闻一多的文字拂动着，被父亲、母亲的爱意感动着。

正是这种无比深沉的爱，引领、携牵着李燕杰再次走进大师思想之门，走进生命之门。李燕杰被具备人格与文格的人照亮了，点燃了。

“为天地立命，为生民立命，为往圣继绝学，为万世开太平。”

“他们并不能把我征服，未来的世界会了解我，知道我的价值的。”这是布鲁诺对历史的承诺，也是历史给布鲁诺的承诺。

“当他们逮捕工会成员的时候，我没有说话，因为我不是工会成员；当他们逮捕犹太人的时候，我没有说话，因为我不是犹太人；当他们终于逮捕我的时候，已经没有人为我说话了。”

李燕杰起伏的心潮尤如汹涌的海水，他思接千载，感觉一种岩石般的东西在他灵魂深处生成着，凝固着，使他稳稳地屹立起来，并将生命之根伸向地心……他理解了父母 1936 年 10 月 19 日的悲伤，以及随之接下来的沉默，长时间的沉默。

每颗心灵都如此孤立无援，以至需要人们不断用真情的粮食、真理的佳肴来喂养。鲁迅先生的每段文字都可以用来丰富李燕杰的心灵，以致他离不开鲁迅作品，似乎阅读鲁迅作品成为他生活的一部分，成为他心灵正常成长的一部分，噢，不仅仅是一部分。是核心，甚至全部。李燕杰仿佛见到了自己的千年知己。

李燕杰的强壮是从心灵开始的，这一点，他与父亲不一样，当父亲还陷在先生去世的悲恸里，李燕杰已洞见鲁迅先生的精神与宏愿，它们与查拉图斯特拉语录如出一辙：不要走向我，请走向你自己。

人从哪里来，到哪里去，活着有什么意义，其实答案很明白：我们从真理中来，到真理中去，活着，就是不断返回、探望真理的故乡。人生尤如一团火，活着，就得不断燃烧。

12. 血轮

凤凰涅槃，我以我血荐轩辕。

正当李燕杰热切地渴望读书的时候，他从报纸上看到这样一条消息：北平市中学进修班开始招生。他决心去碰碰运气。

第二天一大早，他冒着大雪离开家，去进修班报名。经过考试，他竟然顺利地被录取了。病愈的李燕杰进了西单鲍家街、太平湖畔的进修班（今天的中央音乐学院所在地）。

那是太平湖畔的一座王府，日本人在这里时，早已把它糟蹋得不像样子了。那些失学失业的青年，来到这里后，每人发给了一个碗一双筷子，然后，就搬进搭着地铺的宿舍了。

开始上课了！这是李燕杰盼望已久的一天。尽管这是一个极不正规的学校，没有几个教师，没有一张像样的课桌，他们只能坐在砖头上听课，但李燕杰已感到十分知足了，毕竟自己有书可读了。这时的李燕杰，每天三餐粗茶淡饭凑合能够把肚子填饱。他想，这回可以安心好好读点书了。

当时和李燕杰同宿舍的几个同学，也都很喜欢文艺，还经常写点东西。其中杜银书、牛旭华、朱大权等十几个同学，年龄都在十五六岁。李燕杰与这几个同学自发地组织起一个“血轮”文艺社。

“抛洒一腔热血，推动时代的巨轮！”这是文艺社的宗旨。多才多艺的小杜，还专门为文艺社创作了一幅版画，画面是一个大无畏的青年的形象。李燕杰被大家推上了社长的位置。尽管李燕杰再三推辞，大家还是一致拥戴他当这个“头儿”。这个说：“燕杰以前主办过班级里的墙报，有经验。”那个说：“燕杰家里书最多，他肯定比咱们学问深。燕杰又是文艺社的发起人，他不当社长谁当？”真是盛情难却。

对组织“血轮”文艺社，李燕杰早有一番打算。他从现代文学史料中受到莫大的教益和启发，他想：“鲁迅、郭沫若这些文坛名家，不都亲自组织了文艺社团吗？我们为什么不能依照他们的办法，搞一个生机勃勃的小型文艺社团呢？”

“血轮”凝集了李燕杰对人生的使命感，对历史的信念，以及自己勇往直前、奋不顾身的定位。期间，他阅读了冰心、臧克家、艾青、田间等人的大量诗作，将其中的优秀诗篇摘录到周刊中，李燕杰自己创作的诗作也零星发表在周刊上，一时，《血轮周刊》在学校引起了不小反响。

诗言志，《血轮周刊》的诗歌专栏与时代的脉搏息息相关，它成了校园内外学生及工作者的重要读物之一，重要的心灵相互交汇心声的地方。

1947 年 7 月，李燕杰转到天津中等职业学校职业训练班，创办一年有余的《血轮周刊》便自动停刊了。

李燕杰学习测量，包括大地测量、铁路、公路测量、水文测量等，对李燕杰来说，这纯粹是为生计而来的，说白了就是为了生活与生存。

他惦念起《血轮周刊》，惦念起自己测量灵魂的感觉。

13. 最可珍贵的感情

瀑布在跌宕中激起浪花飞溅，人生在起伏中也会激起飞溅的浪花。在茶淀农场的日子里，李燕杰每天都有繁重的劳动，但这并没有中断他写诗。

古今中外非凡人物的成长与壮大，缘由均来源于现实的压抑与折磨，反抗与斗争是必然的，忍受与面对更为必要，无需逃脱，无需视而不见，无需后退，勇敢面对，一切都会雨过天晴。

一天夜里，李燕杰手掌奇痒，之后奇烫，最终实在受不了，在工友陪同下，李燕杰扒上火车去天津诊断。

大夫一看，整个手臂都发紫了，中的是奇毒，紫线一到达胸部人就会一命呜呼，好在赶在前几个小时来了，要不这条命准保不住。

不久，李燕杰的第六个妹妹诞生了，由于无钱交付助产费，母亲只好让李燕杰到北平钱粮胡同妇婴保健所打工，做练习生，给医院抄写人名、处方等，甚至作为助产助手。

也许小妹妹在母亲体内就没有吸收足够的营养，小妹妹一出生体质就很弱，这时的母亲乳汁也少，对小妹妹来说这无疑雪上加霜，张之英带着小妹妹求医求方，一切努力好像都无济于事。

看着小小的生命，张之英满怀愧疚："这是自己的罪过啊，万能的神啊，你开恩保佑小宝宝健康成长起来吧！"

实际上，在这个过程中，张之英的体质也大大降低了，她时而头晕，常觉四肢无力、麻木、腰酸，可她像一个健康的母亲一样精心哺育着六个儿女，这个贫穷的教师、虔诚的基督徒、善良的母亲甚至做得更多。

但小妹妹还是日渐瘦弱下去，生命垂危，"即使活着是一种折磨，你也要与妈妈在一起啊，你一定会好起来的！"妈妈对着瘦成皮包骨的小妹妹默默祷念，对着天上的天父、心中的天父祷告。

从"七七事变"以后，北平就一步步陷入灾难的深渊。李燕杰的家庭失去了昔日的宁静与温馨，和千千万万生活在社会底层的平民老百姓一样，全家人在饥饿、寒冷、疾病的侵袭之下艰难度日。父亲失业，李燕杰和弟弟、妹妹相继失学。李燕杰成为旧北平城里一个衣衫褴褛、彷徨街头的穷孩子，一个靠捡煤核、卖纸烟、打小工、当学徒维持生计的失学少年，一个在日本老板的拳头和皮鞭下饮恨度日的小徒工。在那个黑暗的年代，古城北平不知有多少像他一样的饥寒交迫的少年，不知有多少像他的家庭一样浸透着眼泪和辛酸的家庭……小妹妹出生已快一年，父母亲还交不起欠下的助产费。皮包骨头的小妹饿得整日啼哭，妈妈没有奶水喂她，又买不起牛奶，全家眼睁睁地看着可爱的小妹妹在饥饿之中夭折了。

这晴天霹雳，或者闷雷，让张之英绝望失措，小宝宝停止了呼吸，她是饿死的！

搂着慢慢发凉发冷的小妹妹，张之英神情恍惚，她不相信这是真的，这个噩梦很快就会结束。

可是，小妹妹始终没有醒过来，从孕育开始，张之英就常常对着小宝宝说话，当她看到小千金顺利诞生，她的心是多么激动啊，她感到人生无比幸福与辉煌，然而，这一切转眼即逝了。张之英看着怀中的小妹，脑海一片空白，她不相信命运会这么残酷，她不相信这个梦不会很快就醒，她在等待着什么，痴痴的，呆呆的。

"等妈妈在这个世界上收拾好一切，我会来接你的，那时，我们将过上另一种生活!”张之英泪如泉涌，心似刀割。

在一个寒风凛冽的傍晚，李燕杰抱着妹妹那瘦弱的尸体，和母亲一起把她埋葬在城东北角俄罗斯馆的墙根下……

14. 怀大善心　做小事情

虽然自己也多次与死神擦肩而过，但毕竟已过了，可每次擦肩之际刻骨铭心的感想、意念让人望而生畏。

小妹妹的夭折似乎在向李燕杰昭示着什么。李燕杰甚至感到小妹妹有许许多多的话对他欲言又止，他在想象她一岁时的模样，两岁时的学语，三岁时的调皮，四岁时的纯真……所谓亲人，就是相依为命的人，从血缘上相依为命，从生活上相依为命，从感情上相依为命。

“多么可爱的小生命啊，天使般的女童，为什么要与自己不辞而别?”李燕杰想不出答案。张之英同样梦萦魂牵着这些问题。“所有的兄弟姐妹都是自己的一部分，自己也是他们的一部分。”所以，从某种程度上说，不只是小妹妹夭折了，李燕杰的一部分血液、情感、精神也随风而去了。

由于逝去，所以追寻；由于逝去，所以魂牵。

由于逝去，所以得不断重建；由于苦难，所以得不断超越；由于脆弱，所以得无比坚强；由于活着，所以得不断思索，奋斗。

李燕杰在泪光中看见妈妈似乎老了许多，她虽然有很多心爱的孩子，但绝不允许失去任何一个，小妹妹的夭折对她的自信给予了毁灭性的打击，彻底摧毁了她顽强的意志，没有谁能安慰她，她在痛苦中如牛一般地劳作着。

早熟的李燕杰也承担了这份苦痛与苦难。他必须成为弟妹的榜样，必须为这个家庭中的每一个成员分忧解难。

一定要走出去，一定要挺起腰杆，这是所有生者与死者对自己的希望。家庭的悲剧往往是社会悲剧的缩影，而悲剧根源则是凶残、野蛮的统治者。当李燕杰看到身边更多的人纷纷倒下时，另一种更博大的痛楚在他内心渐渐成长，日益升起。他要探索自己的路，更要探索社会的路，如果社会没希望，家庭与个人就没有希望了。

1948年5月，李燕杰回到北平，他向自己在进修班的同学、中共地下组织成员杜银书等同志表达了自己的愿望，在与组织间接的沟通中，李燕杰的思想逐渐进步、成熟，他毅然决定要到解放区去。就在这时，单线联络的同志上了国民党的黑名单，随即被捕，杳无音信。李燕杰成为散兵余勇，但他仍坚决与东北大学学生一道参加大游行。

正是这一年，一个民族的命运发生了巨大的变化。中国人民解放军以风卷残云之势，解放了东北、华北、华中等大片土地。国民党溃不成军，仓皇南逃。那些在黑暗中挣扎的穷孩子，睁大惊喜的眼睛，注视着中国大地上发生的一切。尽管他们对政局不完全了解，但是他们每一个人都坚信：中国是在走向光明！

15. 梦想自有翅膀

1949年1月，激动人心的时刻来了，中国人民解放军进驻北平，李燕杰热情地与众人一道欢迎解放军入城，一道参与入城仪式。

李燕杰的心潮澎湃还没结束，2月的一天，他得知郭沫若要来北平大学演说，他激动得一夜没睡，紧张、兴奋、渴望……毕竟，郭老是文化战线第一人哪，在这之前，郭老优美的《天上的街市》、激越的《凤凰涅槃》等佳作已在大江南北广为传颂，李燕杰对此悦然于胸，并自觉将之作为自己的人生追求、价值取向。

2月初的一天上午，李燕杰骑着自行车来到沙滩北大红楼。那天虽然很冷，北风刺骨，但是却有上千的青年自愿地聚集到民主广场上，不到9点，那里已经挤满了人。许多人席地而坐，也有许多人站着，大家都翘首而望，目光集中在主席台上（其实就是在操场中央临时摆的一张大方桌）。不久，郭沫若与曾昭伦两位先生一起来到会场。郭沫若先生登上了方桌，四十多岁的郭老，风度翩翩，潇洒自如。在全场热烈的掌声中，他用亲切的目光扫视了一下台下热情洋溢的青年，然后操着浓重的四川口音开始了他的即席演讲：

"同志们！年轻的朋友们！

大家都知道，北平解放了。正因为它解放了，我们才有可能在这古老而又年轻的城市里自由地演讲集会。今天，我沐浴在党的金黄色的阳光下，沉浸在青年的大海之中，我也变得年轻了许多……"

郭沫若先生富有感召力的开场白，顿时博得全场经久不息的掌声。

接着，他谈到，科学与民主是中华民族走向光明未来的保证，青年要永远走在光明的道路上。他用充满哲理的热情的恳切的语言，表达了他对刚刚迈入新生活的青年一代的殷切期望。最后，在《团结就是力量》的嘹亮歌声中，北平解放后的第一场民主战士的演讲顺利谢幕。但是，李燕杰和周围那些情绪激昂的年轻学子，却久久不愿离开红楼后的这片广场。

演说也是战斗力，文字也是战斗力，对文字极具天赋的李燕杰颇有茅塞顿开、醍醐灌顶之感。是啊，最伟大、最勇敢的战士鲁迅不也是弃医从文吗？李燕杰感觉到了自己潜在的战斗力，只要坚持不懈地去做，去战斗，胜利终究会到来的。

李燕杰似乎看见自己人生的突破口。人生的路有千万条，但并不是每条路都适合自己，自己也不是能走好每一条路，如何选择，这是多么重要啊！

个人特长加社会稀缺，这是个人职业选择的原则，伴随着共和国的诞生，李燕杰找回了属于自己的自信。

正是听了郭老的那次演讲之后，李燕杰下定了到解放区去的决心，抱定了去老解放区、去华大的决心。2月，李燕杰报考华北大学，录取后被分到河北正定政治学院，校长为吴玉章、范文澜、成仿吾，院长有钱俊瑞、李新等，班主任是齐贞。这是李燕杰上过的最好的大学，尤其是它是新中国的大学，是新中国成立后最具威望的大学，是共产党师资力量最强的大学。这一切，对李燕杰来说可谓如鱼得水，孤雁归队。

随后，李燕杰只身离家，年过半百的父亲和重病在身的母亲都很体谅他，理解他，他们连夜为李燕杰打点好行装，千叮咛，万嘱咐，把李燕杰送出了家门……

"再见了，养育了我的北平！再见了，我的亲人和伙伴们！"

几经周折，他投入了老解放区华北大学的怀抱。可是，此期间的李燕杰分外腼腆，齐老师不止一次问李燕杰："你为什么从不发言啊?"这时的李燕杰竟脸红到脖子根，窘得像个害羞的大姑娘似的。

16. 战争与和平

世界上出现的一半错误得归因于那些想要显得重要的人。

——艾略特

在河北正定政治学院，在那革命的大熔炉里，李燕杰身边集聚了许多坚定的共产主义战士，李燕杰也接受了系统的马列主义教育与熏陶，历史唯物主义与辩证法犹如一场及时雨，它校正着李燕杰的人生理想与人生追求。

1949年4月10日，李燕杰参加革命青年联盟。4月末，毛主席向革命青年联盟的盟员发出号召："打到江南去！解放处于水深火热之中的两亿同胞!"在动员会的当天，李燕杰和一大批从北京来的同学一道，争先恐后地报名南下……

李燕杰积极响应党的号召，参加南下工作团，随军南下，谭政为工作团团长，陶铸为副团长。其他领导还包括邵式平、徐懋庸、曹诚等。

正定，是黄色的泥巴墙，黄色的庄稼地，刮起风来，是黄色的风，黄色的沙，留下的，也有金黄色的记忆。

在李燕杰背起背包告别正定老区父老兄弟姐妹时，老大爷送来了大花生和鸡蛋，老大娘送来了布鞋和布袜底，他们含着热泪，送了一程又一程，最后，他们用那长满了老茧的手，拉着战士们说："等解放了全中国，回来的时候，别忘了到家里来坐坐。"这时，李燕杰心中突然响起一句句诗：

"山牵别恨和肠断，水带离声入梦流。"

"自从昔别春燕分，经年一去不相闻"。

……

华大的生活，值得永久怀念。土炕上叠得像豆腐块一样有棱有角的被子，炕桌上一盏盏的灯碗，大操场开会时摆的一个个小马札，更有趣的是学员们吃过饭后，经常去找大师傅索要锅巴，而这锅巴竟也被传誉为“解放饼干”。

从正定经石家庄，一路风尘仆仆，之后来到山东德州。

6月23日，李燕杰加入新民主主义青年团。8月，行军到武汉（5月12日解放）。8月的武汉室内像火炉，室外像蒸笼，热得使人透不过气，用火热酷暑来形容中国三大火盆之一的武汉，绝不过分。在武汉，李燕杰有幸见到了很多首长：罗荣桓、肖克、谭政、陶铸、张爱萍……见面最多的是陶铸，他是李燕杰的团长、校长，也是李燕杰的老师。

就在随军南下途中，李燕杰给父母写了一封信：

亲爱的爸爸妈妈：

你们好！自从离家出走，迄今已经半年了。这是我第三次离开你们，只身出走了。如果说过去的两次都惹你们生气，使你们担惊受怕，那么这一次，你们可该放心了。

这半年中，我在共产党的领导下，变得更勇敢坚定了。一个懦弱的孩子，已投身到这暴风雨到来的大时代里。他像海燕那样飞过了黄河、长江，穿越了大半个中国，现在已经到了华中地区。此刻，我是坐在从武汉驶往长沙的航船上给你们写这封信的。

爸爸妈妈：你们能相信这个穿着一身军服，挎着手枪的英武战士，是你们的儿子吗？他离开你们的时候，是多么瘦弱而又幼稚啊！

离开北京之后，我来到正定华北大学，经过一个时期政治学院的学习，就算毕业了。在那难忘的日子里，毛泽东主席、吴玉章校长向我们这些革命青年联盟的盟员发出了号召：“打到江南去！解放处于水深火热中的两亿同胞！”在动员会的当天，我就响应了号召，报名南下。我们只在正定停留了三天，做了一些准备工作，就出发了。到达山东德州之后，因交通受阻，只好停下来，集中学习整训。我们的团长是谭政、陶铸二位老同志，中队长是高英堂同志。我们的这位中队长，曾经担任过朱德同志的马夫和司号员，是参加过二万五千里长征的老红军，他们都给我以深刻的革命教育。今年6月，我已由青年联盟盟员转为新民主主义青年团员了。我的周围，有许多老党员、老干部。在和这些老布尔什维克接触的过程中，他们那朴实、严谨的作风，吃苦耐劳的品性，对革命事业的忠诚和斗争立场的坚定，时时刻刻都在感染着我，激励着我，督促我改掉从旧北京带来的各种毛病，我对他们产生了很深的感情。这几天，他们辅导我和其他青年学习了《新民主主义论》、《将革命进行到底》、《论联合政府》、《论人民民主专政》等重要文献，我更加明确了：只有中国共产党才能救中国，只有中国共产党才能领导革命走向胜利！

7月26日，我们离开了山东德州，这支充满青春活力的革命队伍开始南下了。一路上，受到老百姓们的热烈欢迎，他们送来了又大又鲜的鸡蛋、炒得香喷喷的花生、纳得厚厚实实的布底鞋和袜垫，还有红枣和各种地方特产。在乡亲们的欢迎欢送声中，我们穿过了许许多多的城镇和村庄。一路上虽然艰苦一些，但全体官兵的斗志却始终是那么高昂，因为我们是正义之师，我们的前途是无比光明的。我们昼行夜宿，势如破竹，经过七天七夜的行军，已于8月2日到达武汉。

我们先是住在汉水之滨的张公堤畔，这是一个风景非常幽美的住处，虽然天气炎热，气温要比北京高得多，但我们逐渐也适应了。到达武汉以来，经常听首长做报告：邓子恢、谭政、陶铸、肖克、张爱萍等老同志都为我们做了报告。每天学习，讨论，气氛十分热烈。几天之后我们就开始分配工作了。我和其他七个同学，第一批被分到军区直属队组织部。分配之后，我们就搬到沿江大道原招商局楼上去住了。我们每个人，都发了蚊帐、油布、胶鞋，一切都很好，请你们放心！

才分配了工作，马上就随着首长出发了。这次是到长沙去，坐在大木船上，已经三个小时了。由于风浪颠簸不好写字，今天就先写到这里吧！问弟弟妹妹们好，祝他们进步！

儿　燕杰

1949年8月26日

于长江风浪中

17. 让我们远行

如果土地过于肥沃，首先长出来的，必然是恶之花。

若想获得荣誉，请离开故乡。

李燕杰一心想实现自己的人生价值，几年来，他跟随部队游走四方，四海为家，期间既有战争风云，又不乏政治风暴，无论从哪个方面来评价，他都是一名普通的战士。

1950 年初，李燕杰从湖南衡阳回到武汉，先后在四野政治部、保卫部、组织部。在此期间，他编入四野巡视团，随团到上海、南京学习，参观第二、第三野战军。10 月中旬，李燕杰参加中南地区慰问解放军代表团，团员包括梅兰芳、小白玉霜、舒绣文等人。

1951 年，李燕杰由组织部调到四野司令部直属政治部工作，住在汉口旧白崇禧大楼。1952 年，中南军区改为两个军区，一个武汉军区，一个广州军区。5 月，李燕杰调到广州军区干部部。

比双脚走得更远的是双眼，比双眼看得更远的是思想，心灵的旅程是无疆域的。

在广州军区干部部工作期间，李燕杰经常去中山大学、华南师范学院听讲座。

人的心灵犹如一口奇妙的井，你向里面输送什么，输送的东西日后就会变成“引子”，源源不断地将心灵的生成物输送出来。寄居广州的李燕杰的心灵是干渴的，他得如饥似渴地为它输送智慧与知识的“琼汁玉液”。

每颗心灵都是贪婪的，只不过有的心灵要用智慧来喂饱，有的嗜好金钱，有的青睐品格……李燕杰在这些心灵间游走着，每一本泛黄的旧书，都蕴含着无数颗心灵，作者的、书里的、读者的。皓月当空，李燕杰对这些特殊的“知己”分外动情，这是一颗颗流走的心灵，有的模糊，有的清晰，有的转眼即逝，有的却呈现出永恒的面容……李燕杰忘我地陶醉在其中，利用休息时间，他经常到文德路旧书店买旧书，两年时间买了 2000 多册，以致他离开部队托运费就花了 250

多元，那时职工一般的工资才几十元呢！

18. 有爱，就有一切

我原来以为自己不配谈爱……但是，一旦我认真的爱起来，是不要命的。

——鲁迅

男人以为，他那较优秀的自我就安住在女人身上。罗素曾坦言：“对爱情的渴望，对知识的追求，对人类苦难不可遏制的同情，是支配我一生的单纯而强烈的三种感情。这些感情如阵阵飓风，吹拂在我动荡不定的生涯中，有时甚至吹过深沉痛苦的海洋，直抵绝望的边缘。”

爱情可以使一个凡夫俗子成为圣徒，可以让一个懦夫成为勇敢的英雄，当然，它也能让一代君王抛却江山，能使一代名将归隐山林，使雅士巨贾倾家荡产。总之，它使人们看到了另一个世界，另一个美妙绝伦的世界，另一个诡秘莫名的世界。它重要的程度，甚至超过生命，为爱情铤而走险。最后饮弹丧命的普希金，为爱情而忧郁自杀的叶赛宁，为爱情而疯狂自戕的凡高，由于爱情而功成名就的富兰克林，由于爱情而成为先知的纪伯伦……它竟然改变了一切，日常的秩序、禁锢，甚至伦理风俗都被完全打破了。

但爱情之箭迟迟没有光临李燕杰。他似乎过于专注于自己的理想抱负，以至将爱情与事业相对立起来：爱情只能照亮个人的头顶，事业却可以照亮人类的天空。

实际上爱情在每个人的心底鸣响着，生长着，千回百转地奏响与生长，只是每个人的表现方式不一而已，有的可以在大庭广众中示爱，有的人只能向心爱的人传递心声，还有的则是向身边的好友猛倒苦水，更多的人将它埋藏在自己心中。

席勒说：“如果没有女人，在我的生命的起点将失去扶持的力量，中年将失去欢乐，老年将失去安慰。”

罗马恺撒大帝武功过人，在被朋友和敌人行刺的时候，他拔剑抵抗，但当他发现在攻击他的人群里，有他的爱人布鲁塔斯的时候，他对布鲁塔斯说："怎么还有你，布鲁塔斯?"于是他宁愿被杀，不再抵抗。

李燕杰的心对"女人"这个词渐生敏感。1954 年 7 月，李燕杰到河南鸡公山疗养院疗养，他的目光被一个高挑个的女孩深深吸引住了。

皮肤白晰、眉清目秀，走起路来如闲舒寂然的云朵……恋爱中的人都是诗人，单相恋中的人则是大诗人。李燕杰写过诗，可谓受过专业训练，自然可以称得上诗人。他一晚上可以写出数百行的诗，她是灵感的源泉。当然，少年有意，少女怀春，正值豆蔻年华的齐绍华隐约感觉到了李燕杰的关注，在这双善意、欣赏、赞誉的眼眸中，齐绍华看到了镜片后的炽热、真诚。

历史是深重的，哲理是深刻的，人生是深沉的，宇宙深奥，思想深邃，爱情深切又深长。

相识之后，两人就坠入爱河，齐绍华是名副其实的白衣天使，李燕杰作为戎马生涯的铁骨书生，自然才高八斗，可谓才子佳人心心相印，英雄美女日月生辉。

有情人终成眷属。一年后，他们喜结伉俪。迄今（2006 年 11 月 20 日）已过"金婚"。

19. 人生的曲线"圆则"

人生的许多路，终点往往是始点，曲径方能通幽。一味追求人生捷径的人，心中只有自己，赤裸裸地为自己，结果往往一无所获，甚至直路变歪路，贻误了自己。对一个站在时代浪尖的人、一个处在政治风口的人，要想挽狂澜于既倒，他同样需要这种大视野、大思维、大智慧。

1955 年，李燕杰一边在干部部做着本职工作，一边为干部夜校上着文化课。他说："文化者，人化也，人化者，美化也，美化者，强化也，可见，文化可以健身强体，炼心修性，经世济人。"学员被他的独到见解深深吸引住了，纷纷要与这个青年"教师"探索人生。

在干部部工作期间，李燕杰随郭成柱将军到海边防视察，涉足上百个海岛。看着这些星罗棋布的岛屿，李燕杰感觉它们是大海的明眸，祖国的珍珠，内伶仃、外伶仃、大横琴、小横琴、三灶岛、荷包岛……一望无垠的大海，无一不让李燕杰遐想。

20. 诗歌中国

1958年4月，李燕杰参加广东花县将军潭军官教导团集训。5月，他回到北京。回京后，李燕杰就开始了紧张的功课复习。7月，他参加高考，并被北京师范学院中文系录取。

用剑没有完成的事业，必须用笔去完成，用枪无法完成的事业，也必须用笔去完成。十几年来，李燕杰读万卷书，行万里路，交万般友，识万端事，吃万种苦。此时，他心中诗意汹涌，激情澎湃，思接千载，目通万里，他似乎看见自己生命金色的春天。

他在构思做一件空前的大事，他要圆一个自己的强国梦，一个文学梦，诗歌梦。中国是诗的国度，他要以诗兴国。一批满腔热血的学生，经过热烈的讨论，最后敲定编写一本《中国诗歌史》，字数：100万；时间：100天；直接编写人员：100人。

诗言志，他们编写《中国诗歌史》的目的是研究——

如何壮国魂；

如何开掘中国诗歌宝库；

如何用诗去激励和教育青年；

教师怎样才能有诗人气质，教师、演说家应该如何从民族诗史中汲取营养。

为了保证诗歌史的水准，召集人李燕杰废寝忘食，即使儿子李洪出生，他在有限的服侍时间，仍操心着诗歌史。

1958年12月28号，李燕杰去拜访自己心仪已久的郭老，虔诚求教诗史。一路上，李燕杰心里忐忑不安，不知道那样一位大名人会不会接待这帮学生。他们找到西四大院胡同，其秘书看见是大学生，提出只谈半小时。但郭沫若比学生还积极，他逐一回答了李燕杰的 18 个问题，不知不觉间，双方谈话竟达 7 个小时。

21. 真的生活

灾难是天空的星群，它的光辉掩着你的命运。

——臧克家

所谓生活，就是人与世界的关系，人与物、人与事、人与人的关系。

在组织编写诗歌史的过程中，李燕杰认识了许多仁人志士，他们的工作方式、生活方式给李燕杰留下了深刻的印象。

直率、真诚、豪爽是李燕杰的天性，即使那些见过李燕杰的大师也这样认为。当然，李燕杰身上还有一种风格让他们惊叹，那就是认真。

真诚的心总是轻易就走进了人们的心坎，总是感动一颗又一颗心。由于认真，人们又总是如此信任他，人们总是乐意与他交往，乐意向他诉衷肠，乐于帮助他，乐于了解他，谈论他，也乐于被他了解，受他启发。

在采访臧克家时，李燕杰脱口而出臧克家的《生活》：

这可不是混着好玩，这是生活，
一万支暗箭埋伏在你周边，
伺候你一千回小心里一回的不检点，
灾难是天空的星群，
它的光辉掩着你的命运。
希望是乌云缝里的一缕太阳，
是病人眼中最后的灵光，
然而人终须把它来自慰，
谁肯推自己到绝境的可怜？
过去可喜的一件件，
（说不清是真还是幻）

是一道残红染在西天，
记来全是黑暗一片，
唯有这是真实，为了生活的挣扎，
留在你心上的沉痛。
它会教你从棘针上去认识人生，
从一点声响上抖起你的心，
（哪怕是春风吹着春花）
想一员武士在嘶马声里想起了战争，
那你再不会合上眼对自己说：
“人生是一个无据的梦。”
更不会蒙冤似的不平，
给蚊虫呷一口，便轻口吐出那一大片诅咒。
在人生的剧幕上，你既是被排定的一个角色，
就应当拼命地来一个痛快，
叫人们的脸色随着你的悲欢涨落，
就连你自己也要忘了这是做戏。
你既胆敢闯入这人间，
有多大的本领，不愁没处施展，
当前的磨难就是你的对手，
运尽气力去和它苦斗，
累得你周身的汗毛都撑着汗珠，
但你须咬紧牙关不敢轻忽；
同时你又怕克服了它，
来一阵失却对手的空虚。
这样，你活着带一点倔强，
尽多苦涩，苦涩中有你独到的真味。

背得如此完整，声情并茂，让臧克家甚是高兴，臧克家在李燕杰面前不仅谈诗歌，谈文学，他还大谈人生，特谈社会理想，他侃侃而谈了几个小时。

诗歌只是一种载体，生活也只是形式，重要的是它的内容，它所承载的、表现的东西，那才是诗歌的本质，生活的本质，才是真的生活。其实艺术的本质与生活的本质是相通的，世界所有的艺术、生活、人生，它们的本质也是相通，只不过生活表现得更为纷杂与残酷，因为它是一种大熔炉，艺术、理想、激情……正是熔炉溅起的钢花。

生命的意义是个人选择的结果，有的生命重于泰山，而有的轻于鸿毛。有的人活着，在人们心中却早已消亡，而有的人死了，他却活着，活在人们的心中，活在历史的记忆里，其精神生生不息，代代相传。

臧老的思维、智慧让李燕杰大为惊讶，原来生活竟是如此神奇的万花筒。是啊，人生也是一个相互照耀的舞台吧，臧老用他的智慧照亮了李燕杰，而李燕杰用热情照亮了其他同学，其他学员。李燕杰的光是什么呢？智慧之光、人性之光、热忱之光、信念之光、品格之光、博学之光……理想之光，是的，没有谁可以放弃理想，理想在，希望就在，生命的力量与价值就在。

22. 圣灵升腾的时刻

> 正如蜘蛛坐在蛛网中央，只要一个苍蝇碰断一根蛛丝，它就立刻发觉，很快地跑过去，好像因为蛛丝被碰断而感到痛苦似的。同样情形，人的灵魂当身体的某一部分受损害时，就连忙跑到那里，好像它不能忍受身体的损害似的，因为它以一定的联系牢固地联结在身体上面。
>
> ——赫拉克利特

始于怀疑，终于信仰。

《中国诗歌史》完成了，尽管十分稚嫩，但使李燕杰及其采编团队信心大增。这时的李燕杰颇有“看山不是山，看水不是水”的味道，文学作品固然重要，固然有诸多意义及审美价值，但作品后面还有一种东西令他痴迷。

那是什么呢？是作者跃动的心！是作者的生活与信仰！是作者对世界的态度与对自己的探索！李燕杰准备将这个灵魂工程继续推进，并使它流程化，普及化。只有充分了解作者，作品的本质才能真正浮出水面，才不会被曲解，不会被异化。1960年，李燕杰再次组织全班同学编写《中外作家评传》，并着手编写中外文学大事年表。这一次的工作必须比上一次更深入、更细致。

李燕杰感觉外国作家分外亲切，他们似乎对人性更情有独钟，其实何止情有独钟呢，他们有些作品简直就是“人性论”，诗歌、文学、哲学、音乐、绘画、雕塑、建筑、宗教……无一不散发着人性的光芒。尤其是苏俄作品，汇成了一个独立的世界，一个“气韵生动”的艺术的宇宙！在这个独立的世界里，普希金在呼唤自由与光明，高唱爱情与友谊之歌；屠格涅夫带领着人们走进俄罗斯的森林和草原，享受温煦的阳光，倾听那来自白桦林的絮语；托尔斯泰散发着太阳般的光芒，引领“羊群”走进他的“基督”，走进“爱”的世界；陀思妥耶夫斯基带来的则是阵阵阴风，从那黑暗的深处不时传出一声声弱者凄惨的呻吟，像一把尖刀刺透人心……

著有《托尔斯泰与陀思妥耶夫斯基》的梅列日科夫斯基称托尔斯泰为人的“肉的探索者”，而称陀思妥耶夫斯基为人的“灵的探索者”。他强调他们两人的对立，甚至说：“如果我们想在各个时代和各个民族的文学中找到一位与托尔斯泰截然相反的艺术家，那么，我们只能指出陀思妥耶夫斯基。”如果说陀思妥耶夫斯基是俄国文化的“正命题”，那么，托尔斯泰就是其“逆命题”。罗札诺夫则简洁地写道：“托尔斯泰令人吃惊，陀思妥耶夫斯基令人感动。”他说陀思妥耶夫斯基是沙漠中的骑士，背着一只箭囊，他的箭射向哪里，哪里就流血。说陀思妥耶夫斯基是宝贵的，托尔斯泰则总是说教，而陀思妥耶夫斯基活在我们心中，他的声音永远不会消亡。

只有人性光芒照亮的艺术才是恒久的，只有深刻洞察人性的作家才称得上伟大的艺术家。在现代艺术史上，西方的先行者们无疑走得更远，他们的作品往往是对人本身的怀疑、呐喊、内视与探索，因此表现出来的分外锐利，轻易就能击中人心，他们在解构着一切，但又心怀信仰，肩负责任。

没有对人本身的深刻认识，艺术只能算是在海滩上建筑，只能算是用纸糊老虎，甚至画饼充饥。在西方诗人这个长长的名单中，他们不少人准确的称谓应该是诗人哲学家，他们在心灵的探索上，在心灵的驾驭与表现上，已远远走在中国前面。所谓英雄，就是与历史和现实中心有灵犀、行如一辙之人。他们犹如一个个灵魂的兄弟、精神的知己，共同翱翔在圣灵飘动的天空，相互激赏，相互鼓励，就像普希金的吟唱：

假如生活欺骗了你，
不要忧郁，也不要愤慨！
不顺心时暂且克制自己，
相信吧，快乐之日就会到来。

我们的心儿憧憬着未来，
现今总是令人悲哀：
一切都是暂时的，转瞬即逝，
而那逝去的将变得可爱。

放眼世界，立足中国，始于中华，走向世界。李燕杰认真准备着每一次选题采访、编辑……

23. 带着爱去工作

无论学员来自哪里，也不论他们受过什么样的教育，李燕杰总能用自己的方式使学员对课程兴趣大增，比如当李燕杰讲到“山西的阎锡山”时，一位女学员就在地图上找“阎锡山”，李燕杰就讲“望夫石”的故事，说阎锡山还修炼不到家，还没有变成“山”，接下来就讲阎锡山的生平及局限，结论是：“你在地图上找不到阎锡山，我也找不到，山形依旧枕寒流啊！”

李燕杰的乐观、诙谐，使他开的补课小灶也红红火火，他周末上午在学生宿舍讲，下午在操场讲。

1974 年，李燕杰来到“五七干校”旱队。初春，他将热热的谷种撒进秧田，让他觉得自己是某幅山水画的主角。

播种是一个让人感动的细节，当他一边播种，一边沉思默想的时候，他仿佛看见自己在独钓寒江雪。

不久，嫩黄的秧苗就变成嫩绿了，之后一片碧绿，看着满眼的碧绿，李燕杰心中一阵欢喜。早晨，田野氤氲，秧苗上露滴闪闪，露水清澈，秧苗清新，一两个人影在田间小路上走着……这个境象李燕杰一辈子都记得，当他蹲在田头的时候，他发现生命之间竟是如此亲近。

伴随着犁地，平地，插秧，除草，收割，是一次次汗流浃背，是一次次身体劳累而灵魂升腾，是一阵阵田野笑声，是一串串思索的脚印。农田里仿佛隐藏着一种无比深沉的东西，农村、农业、农民、农事、农活、农忙……这些以前只在书本上躺着的字，已走进他的劳动，他的生活，他自然算不上农民，也许父亲、母亲也算不上，但他的先祖曾在漫长的农事中忙碌着，紧张而艰难地生活着，劳动压力、生活节奏、时间打发、理想期望……这一切，使得他们像蜗牛一样：负重，缓慢，甚至滞钝，却永不放弃，永往直前，尤如无比遥远的未来有某种神圣呼唤着他们，赋予他们使命。

24. 梦想皆有神助

田间劳作辛苦，却也不乏幸福，李燕杰的心反璞归真。其实李燕杰不仅仅只在做农活，他还被封为政治部主任，与办公室主任李幼兰共同负责各种宣传工作。

种子选择不了土壤，但它却可以努力生根，发芽，即使在石板上，也要生长，开花。有人戏称李燕杰的努力尤如在石板上种庄稼，李燕杰一笑：“坚持播种三十年，石板也能变农田。”正是抱着这种心态，凭着这种精神，李燕杰无论置身何处，他总是卯足力气乐观地按指示办事。

“请给我更多鞭策，不要让我胡乱生长。”

“没有榜样，集体就会堕落。”

“感激就像爱一样，不是一种情感，而是一种意愿产生的行为。我们选择去感激，就像我们选择去爱一样。”

他按自己心中的法则思考，并按自己心中的法则办事。

即使在五七干校，他也没有停下自己的研究与写作、探索与思考，当然，他有自己特有的表达形式，有自己特有的自励方式，有自己特有的自修方法，此期间，他写下了大量的诗词、散文。

他总是力图将自己流动的思想变成凝固的文字，只要用心去读这些寂静无声的字，人们的心绪就会流动起来，并能得到感染与莫大的鼓励，这是他的信心，也是他所努力的目标。

1975 年，李燕杰从“五七干校”回到了北京师范学院。学校里发生了太多太多的变化。李燕杰在校园里转了一圈，他走在地上，尤如行在天上。曾经多么熟视无睹的路啊，此刻竟也如故友重逢般亲切。而当他重新登上中文系教室的讲坛时，他似乎踏在天堂之上。“我的讲坛，我的天堂”，李燕杰的眼神坚定，又透出一份沉静。

“我离开了学校，但我没有离开学习。”这是比尔·盖茨的自信，也是他的成功所在。“我离开了学校，但我没有离开学习，更没离开讲坛。”李燕杰“传道”的秉性犹如金子发光一样，走到哪里都一样，所谓稻草盖珍珠，李燕杰是盖不下、遮不住的。这不，当李燕杰忙于北京师院教学的时候，一轻局、二商局、交通局、化工局、七二一大学及中国书店等诸多单位纷纷上门邀请李燕杰去讲课。

来者不拒。李燕杰的与人为善给人留下了深刻的印象，由于他备课充分，加上他多年的知识、经验与感悟，他的课受到各邀请单位的热烈欢迎。本来讲一场的，变成几场，本来讲几场的，变成十几场，甚至要长期讲。李燕杰的名声由校内鹊起，并在校外日益走红，他被誉为七二一大学校长。

25. 灵魂比剑更强

李燕杰曾经从一本旧杂志上读到拿破仑的一句名言：“灵魂比剑更强!”

拿破仑是李燕杰少年时代心目中的英雄。他清楚地记得在上初中时，自己是怎样以一个少年的幼稚的热情去描绘他的，那篇题名为《论拿破仑》的作文，竟受到老师的格外赞赏——

曾在整个欧洲称雄一时的拿破仑，并不是缺少头脑的鲁莽家，在他看来，战争只是“从”，外交才是“主”，而若把外交与人的思想相比，外交又只能是“末”，思想才是“本”。难怪他在每次作战之前，必定要发表一大篇宣言，来统一他的臣民们的思想，唤起军队将士们的战斗激情；而每次作战之后，他又必定要发表一篇声明，去擒获战败者的心……

拿破仑认为，最深刻地鼓动人类思想的人，其英名与威力都是永存的。

李燕杰十分赞赏拿破仑的见解。

不是吗？拜伦挥动他那热烈如火的诗笔，猛烈地震撼了19世纪初期的欧洲；巴尔扎克用他辛辣的语言，为人们留下了多少痛砭丑恶的不朽名作；闻一多那尤如雄狮怒吼的演讲，唤醒了多少颗麻木的心！

……李燕杰深沉、虔诚地仰慕着他们，渴望成为他们那样的诗人、教师和演说家。

诗人，时时刻刻在捕捉灵魂；

教师，日日夜夜在塑造灵魂；

演说家，既有诗人的热情，又有教师的辛勤，一生都在唤醒灵魂！

这个崇高、清晰而又模糊的形象，成为李燕杰理想的航标灯。李燕杰正是怀着年轻的热望，跨入北京师范学院大门的。

一个人不能躺在名声中睡觉，他必须时时保持自省、自新、自进。

行由心生，心动决定行动，行动决定结果。多少人在被侮辱、被损害中自暴自弃，又有多少人结束牛棚生涯后一味怨天尤人，意志消沉。而在李燕杰的历练中，这种困难却成就了他一颗勇敢的心，也使他更彻底体味到：灵魂比剑更强。

铸造灵魂的工程师，这是对教师这个职业多么高的评价，又是多么准确、客观的评价。但在现实生活中，有人说很多教师只能称为“教书匠”，他们只会照本宣科，甚至不学无术，品格低下。可他们也是人，不是来自天外，自然也有其自身的不足，有几个能真正称得上“教师”呢？历史与社会固然有一定的责任，但最终的责任肯定在于个人，因为，在任何时代，都不乏精神与思想的明星，都不乏优秀的铸造人类灵魂的工程师，都不乏各行各业的以社会为己任者。

教书简单，育人难。怎样成为名副其实的“教书育人之师”，李燕杰在内心又开始为此殚精竭虑。自己成为优秀“教师”是第一步，重要的是共和国需要千千万万的优秀“教师”。百年大计，教育为本，科教兴国，智慧富民。

放眼未来，着眼现在，始于个人，终于大家。李燕杰将自己对历史、对社会、对人生、对教育、对课程等的感悟熔于一炉，将自己的知识、经验、观念熔于一炉，创办出《语文自学讲义》，李燕杰为主编。正是这本讲义，后来成为广大师生的良师益友。应社会的呼声，讲义后来变更为《中学语文教学》。

26. 吾爱演讲，吾更爱听众

从象牙之塔，走向十字街头，去解决青年的苦闷。李燕杰的眼睛一亮。

李燕杰从小梦想当老师，如今，理想已实现，但与班上几十个学生相比，无法走进校园的又有多少双孜孜欲学的眼睛，那可是成千上百万啊，他们更急迫地需要指点，需要解惑，需要传道。

李燕杰已经从学校讲到单位，从会场讲到广场，他要继续讲下去，并且要愈讲愈好，愈讲场面愈大。

1977 年新年刚过，在群众的热烈呼声中，1 月 25 日，李燕杰骑着自行车来到运输公司礼堂，守候的听众已近千人，这是李燕杰第一次面对如此宏大的场面，也可以说是平生第一次大型公开演讲，这也是一群特殊的听众，一些特殊的学生：他们有的人沾满油渍的工作服还未来得及脱掉；有的人一只手握着钢笔要记笔记，另一只手捏着咬了几口的面包；还有一个架着双拐的残疾姑娘，双腿是萎缩的，但目光却充满了热情与期待；有的则拖家带口……他们都在等待李燕杰开口。

李燕杰的演讲取得了空前成功，他的演讲点燃了青年们的心灵之火。他自己也感受到一种强烈的社会责任。根据当时听众的需求，李燕杰着重翻读、研究人才学、智慧学，在授人知识、信息的同时，着重授人思维方法、学习方式、做事方式、说话方式，即授人渔，授人智慧，促使听众自强不息，大有所为。这是不计工作量的讲课，但李燕杰却获得了未曾获得过的财富；这是没有任何文凭或其他实惠可图的学习，但台下每一个学生却都是全身心的投入……

此后，越来越多的人知道演讲家李燕杰的名字，越来越多的党、政、军部门，工矿企业，文教单位，社会团体向他发出了演讲邀请，人们为他鼓掌喝采，雀跃欢呼，因为人们从他的演讲中，得到了美的享受，获得了无尽的知识智慧、精神力量。

那个时代，词语渐失魅力，语言日益苍白。李燕杰全神贯注，气沉丹田，满腔热情磅礴而出，将美丽（形）、音响（声）、力量（义）还原给每一个字，由此，他使信仰再次光辉，思想再次灿烂，人生再次诗意。

他的演说被人称为“香波”，意思是只要沾上一点，大脑马上就会“变得清澈透明”，而且永远散发出让人难以忘怀的“余香”。

由此，北京开始刮起“李燕杰旋风”，此风正愈来愈强劲，并呈席卷全国之势。

27. 从一本讲义到一所大学的距离

李燕杰的演说思维新颖，观念独特，鲜有说教意味，但他总能恰如其分地找到合适的载体与话题，将演讲主题生动化、鲜明化。

李燕杰不仅在校内和分院有课，而且还要到社会上为职工大学和各种群众团体上课，后来又增加了选修课、双学位班的专业课，一时间忙得不可开交。但在李燕杰看来，得天下英才而教育之，确实是一大乐趣。

工作是一种乐趣时，生活是一种享受；工作是一种义务时，生活则是一种苦役。

生活的唯一失败就是没有参与。

他的讲课，使文、史、哲有机地统一起来。他口若悬河，声似洪钟，亲切入耳的语言似从心底流出的智慧甘泉，冲刷、撞击着一颗颗年轻的心。满溢着生命活力的动人语言，丰富着听众春蕾初放的精神世界。

李燕杰并不满足这些，他在深思校园之外的青年人——武训可以义学，我们为什么不可以办大学？李燕杰为自己这个仿佛来自天外的意念兴奋不已，但又为这个空前大胆的念头担忧：国外民办大学蔚然成风，但在中国，可谓无人问津。无人问津并不意味着此路不通。作为创新者，他必须敢于第一个吃螃蟹，勇于第一个吃螃蟹。

此事得到了地质部领导和老同学们的支持，于是，背负着创办新中国第一所民办大学的信念，李燕杰开始四处奔波，四处求证，四处寻求支援。在此过程中，大部分人还是同意他的构想，但一致认为要办下来，却不是易事，即使是一些仁人志士，对此也不表乐观，更有甚者戏李燕杰此举是异想天开，痴人说梦，缘木求鱼。

李燕杰的身份有些尴尬，他是北京师范学院的老师，以什么名分去创办民办大学，在等级分明、职务森严、编制清晰的体制面前，李燕杰确实进退维谷。但李燕杰没想这么多，他只是一心想办一所自修大学，为更多的失学青年提供学习的乐园，自己与广大志士仁人一样去做义务教育，包括捐献自己部分微薄的工资。好事多磨，经过近一年的酝酿、筹备，在地质部领导及同学、同事们的帮助下，李燕杰实现了自己的理想——中国第一所自修大学诞生了，这是从一本讲义到一所大学的飞越。

28. 上帝与魔鬼都是人的化身

天才诗人诺瓦利斯曾经吟唱道：“一个高贵的受难者的心灵表明，天国不能使他在其光辉中顺从，地狱不能使他在其黑暗中屈服。”

他还说：“哲学原就是怀着一种乡愁的冲动到处寻找家园。”

与诺瓦利斯气质相仿的特拉克尔更是语出惊人，据朋友们回忆，他说话总是既神秘又有预言意味。有一次他指着陈列在农贸市场得奖的小牛头说：“这就是我们基督。”

此语让人想起一个关于古希腊哲学家、数学家毕达哥拉斯的传说。有一次，毕达哥拉斯从一条被鞭打的幼犬旁经过，他同情地恳求：“住手吧，别打了，因为在他的哀鸣中我听出这里面寄居着我 位朋友的灵魂。”

相传哲学巨擘尼采在晚年，一次泪流满面地搂住一位被奴役的马的脖子，并喃喃自语惊呼“兄弟”!

传说之所以流传到今天，流传到人们的心里，是由于传说的寓意打动着善良人们的心——关怀生命，生命最深处的本质都是相通的。

在中国现代诗坛上，艾青同样是位颇有传奇色彩的诗人。

1941年抗战期间，李燕杰从小书摊买到几册诗集，包括艾青早年的诗。艾青、田间等当时都是解放区诗人。在人们的印象中，解放区的诗人是工农式的，有点土，但艾青不是，李燕杰觉得他的作品很有诗味（这与艾青去过法国巴黎，学过美术，受过西方影响有莫大的关系）。李燕杰觉得自己要写诗，应该学习艾青。

解放后，艾青成为河北正定华北大学老师，李燕杰在解放区读他的作品相对更加容易。李燕杰参军入伍后，总是悄悄地去买来看。

1957年，李燕杰受伤在广州住院（广州陆军总医院），他从广播中得知，艾青的诗集出来了，他兴奋异常，便偷偷地换便衣，趁护士不在溜出去到市里买了一本精装诗集。

1978年，李燕杰和几位中年教师在北京举办文学讲习班时，曾专门组织一些年轻人去拜访艾青，他们受到艾青亲切热情的接待，艾青回答了他们提出的许多问题，并和他们合影留念。后来，大家写了一篇“诗人艾青会见记”，还摘录了艾青论诗的文章，一起编入自办的刊物。艾青的作品，多次入选北京自修大学的教材。

1985年春节，李燕杰去看望艾青夫妇，告别时又一次和他握手，艾青温和地笑着说：“没想到你的手也是这么粗!”李燕杰回答：“是呀，我小时候开过荒，做过工，什么重活脏活都干过，手还细得了吗?”艾青朗朗地笑着说：“好！有生活!”

是的，有生活的人，才懂得生活，有不幸的人，才深知别人的不幸!

1986年，在人民大会堂开会，李燕杰作了发言，艾青和他的爱人高瑛都到场了。对于李燕杰的发言，艾青也很惊讶，其夫人更惊讶。会后，李燕杰走到艾青前，艾青分外兴奋，指着李燕杰对高瑛介绍说：“这是真正的诗人!”

1987年，李燕杰去艾青家登门拜访，同时带了以前听其报告时自己做的完整的记录，见此，艾青显得特别激动，他先把李燕杰请到南屋，随即自己去了北屋，让高瑛与李燕杰聊天。不一会儿，艾青过来了，拿了一大摞书送给李燕杰，都是莫斯科、欧洲等地印得最漂亮的艾青诗选的精装本。两人的话匣子也打开了，谈人性，谈社会，谈历史，谈诗人的使命、公民的责任……李燕杰拿出几十首自己写的诗请艾青指正，哪知艾青看后连连称好："真是好人才能写出好诗啊。"临别时，艾青把自己的诗集及其他作品送给了李燕杰一套，可谓英雄惺惺相惜。之后，他们成了忘年之交，莫逆之交。

有一次，大家为艾青在北京市委第二招待所开了一个国际艾青诗歌研讨会。用中文写诗歌、了解中国诗歌的大诗人大都来了，费德林、钟鼎文、犁青、莫愁予、贺敬之、李瑛等，李燕杰与爱人齐绍华也到了。

满场希望。

后来，有人问李燕杰："你喜爱什么样的诗人？"李燕杰回答说："人格与风格相结合、作风与诗风统一的诗人。"

"请您举几个例子！"

"古代有屈原和文天祥，现代有鲁迅和闻一多。当代诗人中，首当其冲应推臧克家和艾青！"

"他们共同的特点是什么？"

"他们都是爱国、正直之士，都是宁折不弯的民族的脊梁。他们的诗作，都体现了伟大的民族之魂。"

29. 田野，电波

亲爱的朋友，请你把脚步放得轻些、再轻些，请你跟随我进入一个将要开讲的课堂……

这是一个能容纳近千人的大厅啊！学员们已经坐满了各个角落，黑压压的一大片，没有一丝喧闹。他们的工装上染着油迹和灰尘，他们的书包里，同笔记本放在一起的，是一个面包或者几块冷馒头。现在，他们在默默地咀嚼着、等待着……

一个亲切的声音从讲台上传下来：

“同学们！你们劳动了八九个小时，饿着肚子到这里来听课，使我再一次看到了我们民族的希望。我站在这里为你们讲课，觉得很光荣、很高兴！”

几句普普通通的话，把整个大厅的空气点燃了！雷鸣般的掌声骤然而起，灯光下，多少含泪的眼睛深情地闪动着……这是1980年7月11日，出现在西城区工人俱乐部大厅里的激动人心的一幕。

你会问，讲课的是谁？听课的又是谁？这是西城区工人俱乐部举办的“文艺理论和写作知识讲习班”的第一课。听课的是近千名男女职工——当然大多数都是青年人，讲课的是北京师范学院中文系讲师李燕杰……

上面摘引的是北京人民广播电台一份播音稿的第一部分。它生动、形象而又真实、客观地反映了当时西城区工人俱乐部举办的“文艺理论和写作知识讲习班”开课时的情景。

1980年7月11日，李燕杰刚结束在西城区工人俱乐部的演讲，北京人民广播电台的马文蔚便采访了李燕杰，并播出了李燕杰的一些事迹，及这次报告的主要内容。一时间，城市的声音第一次飘向广袤的农村，飘向无际的田野，飘向万家灯火下的千家万户，通过电波，李燕杰优美的男中音响彻在充满希望的原野上——

不要怕困难，不要去听讥讽和谩骂。走自己的路，休管他人的眼色！走自己的路，休管他人的眼色！

有人说，现在是一代不如一代。长头发、喇叭裤，让人讨厌。可是人们知道吗？当他们背着吉他，到处游逛，晚上回到家里，连二分钱的存车费，都要向妈妈伸手去要的时候，心中是多么痛苦！他们的心灵受过创伤，他们被十年动乱剥夺了学习的机会，他们曾经苦闷、彷徨，他们心中堆满了各种各样自己不能解答、别人也难以解答的问题。我们，一切关心祖国命运的人，怎么能不向他们伸出关怀与帮助的双手？诗人艾青，曾把自己比作煤炭，大声呼唤着：“给我以火！给我以火！”誓为祖国燃尽自己的生命。今天的青年，不也同样在呼唤："给我以火！给我以火！"吗？如果能把他们的灵魂召唤回来，那将会有多么美好的前景啊！不去做这项工作，我们将有愧于时代和历史赋予我们的光荣使命。

李燕杰那次讲课中的话在台下的千余名青年中引起了极大反响。课后，李燕杰收到了学员们近百封来信——

"听了您的讲课，我兴奋得久久不能入睡。迄今为止，我认为您是一位最理解我们的老师。说真的，当你讲到许多人饿着肚子到俱乐部来听课时，手里攥着一块凉馒头的我，眼泪哗哗地流了下来。您摸到了我们的脉搏，戳到了我们的痛处……我们来这里学习，不知要遭到多少人的白眼和挖苦。但听了您的课，我更横下了一条心，让他们说东道西去吧！我要走自己的路……"

"听了第一节课，我开始鼓起了生活的勇气，我虽然病残临身，但我同样有一颗年轻人的心，而且这颗心没有死，是一直跳动着的！我心里畅快了，对别人开始笑了，这笑是发自内心的。我要用自己微小的生命力表明，人生是可以活得有意义的，是可以放射光华的。我要把我的这些体会讲给我周围那些像我一样缺乏生活勇气的人……"

"亲爱的老师，您多讲几句吧！'哪一个青年愿意堕落？'您多讲几句吧！'心灵之美'！

用那温暖的大手，抚摩我心灵的创伤，点燃我心头之火，唤醒我登上征程！……感谢您！教师！在求知的路上，我们已徘徊了许久。今天呵！多么珍贵！快三十的人了，在这里又找到一个美好的开端。您来了，在掌声中走上讲台，摊开讲稿，侃侃而谈。一千颗心振奋着，青年仿佛回到了童年。是您吗？教师慈母般地挽着我的手，在丢失的路上，在遗忘的角落，搜寻着金色的花朵，寻觅着青春的活力。终于，理想的花环，又戴在了我的胸前……"

……

每一封来信都发自肺腑，感人至深。这哪里是一封封来信？这分明是一颗颗跳动着的火热的心啊！

这堂难忘的课使李燕杰意识到，青年们是欢迎那种出自关怀之情的，哪怕是十分尖刻的批评。即使李燕杰数落现实中种种典型的不够健康的心理和表现时，他们都听得入神了，时而哄笑，时而鼓掌，时而惊叹，有些人羞愧地低下了头……

有的青年长期和李燕杰保持着联系。当李燕杰看到他们一天天在进步着，当他看到他们被所在单位评为先进工作者、新长征突击手、青年标兵，当他读到他们发表的一篇又一篇作品时，李燕杰的心中便有一种说不出的甜蜜和愉快。

在实践中，李燕杰深深地体会到，一个人对生活的哪一方面付出了最多的精力，哪一方面的生活内容就是他生活的基调或旋律。

忽如一夜春风来，千树万树梨花开。李燕杰的演说春雨般滋润着人们干渴的心灵，如春雷般惊醒人们冬眠着的心，如春风般吹绿了祖国山河，给人们带来绿色的希望。

在北京，李燕杰忙得不可开交，他要发表演说，要编写书，要参加各种座谈会，要上师院的课，要接见各类上门拜访者……他披星戴月，马不停蹄，仿佛有使不完的精力。即使在休息期间，他也参加编写《青年工作手册》，手册后由中国青年出版社出版。许多学员、青年奉他为心灵的导师、理想的卫士，他们离不开他，他们如一群嗷嗷待哺的孩子，等待着心爱的老师用知识与智慧来抚养他们，用真情与关爱来温暖他们。李燕杰也离不开他们了，帮助他们，向他们传道，为他们解惑，这是自己的责任，重要的，自己的心已随他们而跳动，他也被他们打动了。

他们的心，他们的爱，他们的理解在一起交融着。他借文艺而言德，而言识，而言才，而言学，而言真，而言善，而言美。

他的报告集在部队出版，发向全军。美国士兵曾经人手一册托马斯·潘恩的《常识》，德国士兵曾经人人携带着一本《荷文德林诗选》，20世纪80年代的中国军人，他们不少人手中都有一册李燕杰的《塑造美的心灵》。

李燕杰的心到哪里，他的语言就会到哪里，他总是让自己的语言跟上自己的灵魂。李燕杰的语言到哪里，他的心就会到哪里，他总是让自己的心伴随着自己的演说去关爱每一个被人忽视的角落。

30. 幸存是一种特别待遇

李燕杰的心跟随他的语言，再次来到了北方的麦田，来到了南方的水稻田，在田野，他感到从未有过的恬静、充盈，他大口呼吸着，灵肉合一，天人合一，他使自己完整起来。

水火有气而无生；草木有生而无知；禽兽有知而无义；人有气，有生，有知且有义，故最为天下贵也。

虎从风，龙行云。李燕杰的智慧伴随他田野般的清新气息，伴随着他久久凝视、耐心琢磨的人心，而姗姗来迟，冉冉升起。

幸存是一种特别待遇，也是一种不可推卸的责任与义务。这一点对自己如此，对每一个人都如此，尤如卢梭所言：我了解自己，也深知世人。

一天，李燕杰正在家里备课，突然听到敲门声，开门一看，来者是一位衣着入时的年轻姑娘。她进屋第一句话是："李老师，我不是个好人！……"说完伏在桌子上失声痛哭。在李燕杰和其爱人的劝慰下，姑娘抬起了头，淌着眼泪向他们诉说了她那不幸的往事和堕落的经过。她在结束自己的讲述后，睁大了泪汪汪的眼睛问："李老师，您相信不相信我还能变成一个好人?"李燕杰激动地说："当然相信！你今天来找我，不就是要求进步的表现吗?"姑娘的脸上露出了一丝欣慰的笑容。她站起来握住了李燕杰的手说："李老师，谢谢您！"

这件事在李燕杰心中引起了强烈的震动。他想，这些受过伤害的青年，比其他青年更需要关怀和鼓励。如果人们给予他们的只是白眼、嫌弃和训斥、惩罚，那么他们就永远不可能回到正常的生活轨道上来，这无疑等于把他们推向绝望的深渊。李燕杰认为，一个只能推不能拉的民族，是没有希望的。古人说："哀莫大于心死"，自己怎么能眼看着这些可怜而又可爱的青年，走上弯路而不拉一把呢？许多青年在写给他的信中大声疾呼："给我一点生活下去的勇气和力量吧！"面对这些，人们怎么能袖手旁观，无动于衷呢?

李燕杰常用名言警句鼓励“失字号”的青年：

“越冬小麦，经过冰雪的覆盖，人们的践踏，到了来年春天会长得更加旺盛。”

“一块生铁，只有经过高温锻烧，高压冷却，才能成为一块好钢。”

“假如生活欺骗了你，不要忧郁，也不要心急。相信吧！阴暗的日子即将过去，光明的日子就要来临。”

……

青年们相信李燕杰，他们把不愿对父母亲说的话，都倾诉给他，把心中最隐秘的事情都讲给他听。李燕杰深深喜爱这一代青年，尽管他们当中的许多人，走过这样或那样的弯路，有过这样或那样的过失，但李燕杰仍然是真诚地喜爱他们的，因为青年是祖国的未来，是自己灵魂的伙伴。使他们从各方面都变得更加完美，这是每一个关心祖国前途、命运的人不可推卸的责任。

31. 上海，塑造美的心灵

李燕杰决意为建设一个美丽世界，一个美丽心灵的世界贡献自己的一份爱，充满美丽心灵的世界才是臻于完美、至善、至真的世界，才是自己梦寐以求的世界。

1981 年 7 月，李燕杰应邀到上海演讲。

来之前，李燕杰已做了腹稿和讲义，这是他的习惯。不过面对这热情似火的上海听众，李燕杰的激情也充分被感染。真正优秀的演说，是现场的互动，只有互动起来，会场才能活跃起来，听众的兴奋点才能激发出来，在这种氛围中，他们才更容易受到感染，受到演讲师语境的熏陶。

对李燕杰来说，他已是轻车熟路，他恰到好处地把握住每一个环节，每一个细节，结果，演讲效果比预期火爆得多，听众要求再讲一场，自己没听够，更多人则说，我的朋友还没听，我爸爸还没听……总之，人们恳求李燕杰多讲几场，最后，李燕杰这一次在上海连讲了六场，场场座无虚席，场面火爆。尤其是第一场，是在文化广场上进行的，现场听众上万人，给人万人空巷之感。据上海人讲，这种场面，上海已经很少见到了，只有一次歌星演唱会的阵势可以和这相提并论。

在上海的听众席上，不乏坐着老、中、青三代人，有的家庭悉数出动，爷爷、奶奶、爸爸、妈妈、儿子、女儿……他们一起沉浸在李燕杰精彩纷呈的演说中。

在上海人民出版社的推动下，李燕杰的《塑造美的心灵》得以出版，这本书陆续发行销售650万册，如果算上部队发放数及其他出版社的发行量，其总量超过1000万册。这是中国出版界的奇迹，也是中国文化界的奇迹，更是中国人心灵觉醒的奇迹，是塑造美的心灵的奇迹。

教师上课有绝招，课改的关键是人改，如果人不改变，课改等于零，再培训等于零。

32. 德由美生

别林斯基有一句名言：美是道德的亲姊妹。

把青年对美的追求诱发出来，使之化为一种向真向善的力量。重要的不是我们在说什么，而是在做什么。当一个人言行分离的时候，意味着他没有说服自己，这，又怎能使听者心悦诚服呢?

“人创造了伟大的艺术，伟大的艺术又创造了全新意义上的人。”

“人创造了伟大的教育艺术，伟大的教育艺术必须增进人的智慧，塑造人美好的灵魂。”

李燕杰的话振聋发聩，对于他来说，这是实实在在的事实，实实在在的真相，是伟大的艺术创造了全新意义上的李燕杰，是伟大的教育艺术增进了李燕杰的智慧，塑造着自己美好的灵魂，与之对应的是，李燕杰也在创造伟大的艺术，在创造伟大的教育艺术。

他深知，德由美而生，德因行而成。

李燕杰努力引导青年去读以下四种书，形成内心四种美，他认为这是功德无量的事。

四种书包括：老子、庄子、孔子、孟子等传统文化类的作品；苏格拉底、柏拉图、亚里士多德、黑格尔等从古希腊、罗马一直到欧洲的大哲学家的作品；宗教界领袖的作品，如穆罕默德、耶稣；马列主义。四种美指心灵美、社会美、自然美、艺术美。

中国古代，曾把德育形成过程概括为："知"、"情"、"意"、"行"。要求认识上笃信，情感上得到熏陶，意志上有所锻炼，行动上不断实践。

孔子强调教育艺术化，或艺术教育化。他屡屡强调"诗教"、"乐教"。他说："兴于诗，立于礼，成于乐。"他认为借助诗，可以激发人的道德情感。乐，可以利于道德修养。变成今日的语言，应当是把德育寓于诗中，把思想教育寓于乐中。

李燕杰一再强调法、德、美的统一：人都有强制观念，不违法，不突破法的防线；人都有德的观念，仰不愧于天，俯不怍于人，于心无愧；人都有求美的心，人人有求美的愿望。

人人有审美的观点，人人有爱美的感情，人人有美好的性格，人人有美好的理想，社会则可长治久安，而且可以日臻完美。

欺人者，必自欺。李燕杰高调传道，低调做人。他的言行合一、身体力行赢得了听众、读者、同事、领导及社会的普遍赞誉。他愈替别人着想，别人愈崇敬他，他愈为社会服务，社会愈需要他。

1982 年，李燕杰被评为北京市劳动模范，他的《启迪青年心灵》在沈阳出版后，发行量超过 70 万册。也正是这一年，李燕杰被誉为中国第一位德育教授，这是他在实践与理论中反复历练的结果，他开创了自己的德育体系：以德治国，以德立业，以德治学。

33. 思想的火药

西方有句谚语：世界上有两样最可怕的东西，一是原子弹，二是演说。

对于个人成长来说，李燕杰的演说如蘑菇云，它改变着许多人的命运，直接或间接听到他演讲的人更是不计其数。

1982年底，李燕杰衔命参加中央代表团访问美国、加拿大慰问留学生，作为祖国的巡回大使，李燕杰也是智慧大使、理想大使，他到中国大使馆给学生讲人生、理想，在美国48个城市，83所大学（其中包括耶鲁、哈佛、麻省理工学院等）讲，听众不仅有中国大陆留学生，也有中国香港留学生，中国台湾留学生，其中不乏韩、日留学生及金发碧眼的学生。他们深深为李燕杰的智慧与口才所倾倒，更为他的多才多艺与豪直品格所折服。

美国是世界经济的火车头，也是当前世界思想、学术、科技的引擎，就在无数掌声与鲜花涌向李燕杰之际，会场上，也有人向李燕杰“请教”。

“《共产党宣言》扉页上为什么写上‘全世界无产者，联合起来’?”

“——为了变成有产者!”李燕杰回答得十分干脆。

“红旗还能扛多久?”每一个问题都如此尖锐，如此咄咄逼人。

李燕杰挥毫写下两行遒劲有力的字，并用他铿锵有力、底气十足的男中音念道：“山阻石拦，大江毕竟东流去；雪辱霜欺，梅花依旧向阳开。”

顿时，会场猛然响起雷鸣般的掌声，学生们的心沸腾起来，多少年了，多少个日日夜夜，谁能想象得到会有这激动人心、感人至深的一刻，有的人甚至眼泪都流出来了，抱着李燕杰放声大哭。

李燕杰的演讲魅力来源于他博览群书和对知识的积累，广采众长，融会贯通。“海纳百川，有容乃大”，他的演讲，有相声般的幽默，运用相声中的“铺垫”、“甩包袱”等表现手法，幽默诙谐，使会场气氛活跃，听众心里充满快感，在娱乐中受教育；他的演讲，生动形象，像说评书一样把人物叙述得栩栩如生、活灵活现，使听众听其言如见其人；他的演讲，有生动的戏剧般的故事情节，充分展现其矛盾冲突，使听众听起来如身临其境，生动感人；他的演讲，顿挫抑扬，铿锵有力，有诗歌朗诵般的音乐感和节奏感，给人们鼓舞和灵感。李燕杰讲起来总是那么得心应手，滔滔不绝而意气飞扬，像磁铁一样吸引着广大听众。

是啊，人生之路短暂却又漫长，喧闹却又孤寂，这一路充满着太多太多的琐事，太多太多的功利，不知不觉间，心灵就被蒙上了一层层尘埃，灵动的思维、单纯的念头、美好的理想、诗意的追求，渐行渐远，没有谁在唤回这一切，唤回这无比宝贵的一切。随着李燕杰的到来，似乎这一切又都苏醒了，激情、理想、快乐……犹如久经干旱的大草原，突然迎来了倾盆大雨，大地显露出它本来的勃勃生机。

34. 飞翔的翅膀

"李燕杰给语言插上飞翔的翅膀，飞到了青年的身上。"贺敬之说。

李燕杰不仅仅给语言插上飞翔的翅膀，他还给自己的心插上飞翔的翅膀。人在哪儿，心就在哪儿，甚至罕无人迹的地方，李燕杰的心也会在那儿稍作停留：如今芳草碧野地，曾经人涌如潮时。

李燕杰总是将他的所见所闻所感与人联系起来。自然界是神奇的，人更神奇，社会是复杂的，人更深奥复杂。当人变得充满爱，一切就都单纯起来了。人不仅在客观世界中设置壁垒，在心灵世界中也设置了重重关卡，最后，连自己都迷失在自身的迷宫之中。

远望方觉风浪小，凌空乃知海波平。当一颗心凌空到一定高度，路，再曲崎不平，也会显得平坦，再迷雾重重，也会变得清晰。

从美洲凯旋后，中央再次安排李燕杰参加中央代表团，于1984年下半年出访欧洲，足迹遍及英国、法国、意大利、奥地利、荷兰、瑞士、比利时、摩洛哥、梵帝冈等国，声音回响在牛津、剑桥、莱顿等名牌学府。期间，李燕杰在欧洲共55天，去了53个城市，演讲了54场。

他在一些国家演讲：要坚持原则，别僵化；要坚持改革开放，不要自由化；要坚持正面教育，不简单化。

他的演讲中有《祖国儿女为中华腾飞而拼搏》，报告结合中国文化史把德育寓于智育、美育之中。他演讲的主要内容是六个"之本"，即：爱国是理想之本；正直是做人之本；勤奋是成功之本；团结是胜利之本；改革是前进之本；坚贞是爱情之本。

一位带队的领导称赞他说："李燕杰演讲53场没有重复的。"

李燕杰出访法国，看到到处有拿破仑的像。就问法国随行人员："怎么拿破仑的像这么多?"结果法国的学者回答说：他使法、德、美相结合，美、德、法相统一，他能使社会做到长治久安，这正是他的伟大之处。"

据说，在法治方面，拿破仑活着的时候，开了85次法治讨论会，他亲自主持了38次。一个国家元首，开法治会80多次，主持30多次，确实不易。人们说拿破仑伟大，他自己说："我的伟大不在武功，而在我提交了一部《拿破仑法典》。"如果没有法典，人那不就乱了吗？这是其一；第二，在基督教地区，拿破仑支持《圣经》里的十戒，到伊斯兰教地区，他支持穆斯林的戒律，临死的时候，他说："我谁都没有信过，死了也不怕下地狱。"就是说，活着的时候，他借助道德教育让社会得到安定；第三，他强调美育，战争一结束，他就着眼于卢浮宫、凡尔赛宫的修缮问题。他要把世界上最好的艺术作品推荐给法国人民。

李燕杰出访欧洲10国前，前去拜访被誉为中国的"保尔·柯察金"的吴运铎，并请吴老写十几幅字画带给海外的朋友，吴老一口气写了11幅。

在台上，李燕杰神采奕奕，声音如洪钟，台下，他与留学生亲切交谈、探讨，同时向当地人了解风土人情，参观名胜古迹，写下自己思想的点点滴滴。

当然，布道、修道并非一帆风顺，在巴基斯坦卡拉奇，李燕杰乘坐的飞机突然失去动力自由下堕800米；在加拿大，雪崩几乎使全团有去无回；在美国，由于赶时间，接送李燕杰的奔驰600在高速路上以200公里的时速狂奔，突然，车子撞向路边栏杆，车头、车尾全部严重毁坏……

即使如此，李燕杰毅然踏上继续慰问演讲的征途。凭着一颗红心，一股韧劲，李燕杰使欧美之行画上了圆满的句号。

35. 你的名字不是弱者

一个勇于承担责任的人，他的才干会迅速增长，直到匹配他所承担的责任，而一个推卸责任的人，他的才干将等比例丧失，直到与他的口碑一般丧失殆尽。

有能力，就得承担相应责任。这是一种道义，也是一种职业精神。李燕杰名声如日中天，人们对他的期望也日益提高。诸多媒体竞相报道李燕杰事迹，香港教育家吴康民先生连续撰文评价李燕杰的教育思想，刊于《大公报》、《文汇报》。

李燕杰不仅关注失学青年，他还深深关注着失足青年，深情注视着那个庞大的残疾群体。

在给李燕杰来信的青年中，包括不少残疾青年，如张海迪、吕争鸣、刘京生、曹雁等。李燕杰对这些人分外关爱，为了多方面扶助这个群体，李燕杰与吴运铎商讨、研究如何更有效救助残疾人，并提议成立残疾人自救组织。

为此，邓朴方、李燕杰、张海迪等人还开了专门会议。

自然，这缕缕爱心，也融化在李燕杰的演讲中。一次，李燕杰受北京市民政局邀请为失聪者演讲，听众是千余名残疾人。

这是一种什么情景呢？前几排坐满了聋哑人，他们相互用手势打着“哑语”，目光中充满着期待与渴望。在他们后面，是各种各样的残疾患者，有的拄着双拐，有的坐着轮椅……虽然他们肢体残缺，但却用闪动着热切诚挚的目光注视着李燕杰。有几位残疾人还架着拐杖来到台前和他握手……眼前的情景，掀起了李燕杰感情的波澜。这些残疾人忍受着残躯病体的痛苦，一大早从四面八方汇聚到这里，来听他的演讲，这是多么感人啊。

李燕杰的演讲开始了。在他的左边，坐着一位十分干练的哑语翻译，她一刻不停地用手势和表情，把李燕杰的每一句话翻译给聋哑听众。为了配合她的工作，李燕杰特意放慢了速度，一板一眼地、全神贯注地讲，还有意增加了一些手势。李燕杰这次演讲花费的力气似乎要比平时大十倍、二十倍，他也得到了来自台下的强烈的感情反馈。那些聋哑青年的脸上，露出了欢快的笑容，他们彼此之间，十分激动地用手势交流着什么，掌声一次又一次地在台下爆响。而忠于职守的哑语翻译，早已是大汗淋漓了，主持人赶紧又替换上另一位哑语翻译，演讲继续进行……

当李燕杰讲到“成就伟大事业的人，往往不是幸福之神的宠儿，而是那些遭受了诸多不幸而又不甘落后、矢志为学的苦孩子”时，台下响起了长时间的掌声，不少青年的眼角上挂着泪花，整个会场洋溢着一种奋发向上的气氛，似乎他们立即要和健全的青年一道，投身于为迎接祖国第三次腾飞的拼搏之中去。

在李燕杰的身后，坐着北京市民政局的几位老领导，他们的情绪显然也受到了感染。

演讲进行了两个多小时，台上台下情感的交流是那么亲切、自然。中途没有一个人退场，没有一个人走动。千余名残疾人就这样热情饱满地听完了他的全部演讲。

这次演讲的成功，给了李燕杰深刻的启示：青年一代对爱与美的追求是永远无止境的。不管是什么样的听众，他们的心都能被真情打动，只有发自内心的热爱，才能为演讲增添活力，增添说服力与感召力。

李燕杰总能调动、调整好会场氛围，使会场始终保持着活跃、热烈，使听众忘却自己，一心向善，一心向着报告中的真理。

石洪是20世纪80年代初期李燕杰结识的小朋友，她后天耳聋，耳聋后读完中学，接着一边工作，一边写诗。她在协和医院听了李燕杰的报告之后就来信，随后来访。

李燕杰见她后，两人在纸上写字交流，一下午写完数十张稿纸，石洪的语言显示出超出她年龄应有的成熟与深度——

> 一味沉溺在过去的人，是不会有出息的。然而，轻易忘掉过去的人，现在和未来也不属于他们；
>
> 李老师，您如果把我当成一个残废的人，那么您对我的许多想象和要求都会降低，耳聋对我是很微不足道的，我从来不把自己当成残废人，这不是自慰，而是自励；
>
> 我想一个人不能总是说，我需要生活，而应该说，生活需要我。
>
> ……

在真善美之前，爱平等，光荣与梦想平等，幸福的灵魂平等。

有一次，李燕杰被某监狱局长临时邀去监狱演讲。在路上，李燕杰想：自己的讲话不能像局长，也不能像传统的教育家，这次面对的主要听众是少年犯……

当他来到这个特殊的会场时，已成竹在胸了——

“同学们、朋友们、领导们：你们好！今天我来到这里，就让我感觉到自己走进一所学校，各位管教人员都是老师，你们是学生，我不是来做报告，是来送礼的……”

讲到这里，李燕杰拿出一幅自己写的书法条幅：教师，是塑造人类灵魂的工程师。送给了听众席中的一位管理人员。接着，李燕杰又拿出一幅：明德伊始，定做新人。送给了听众席中的一位失足少年。紧接着，李燕杰话题一转："有一个老师一天到少管所里去做报告，谁知上台时不慎跌了一跤，看见摔在地上老师的滑稽相，少年们笑了，但就在那个老师爬起来之际，他来了一句：'人生的道路难免不失足，关键是要自强……'少年们又笑……"

李燕杰《走向新岸》的演讲使失足青年、少年找到了自信，重新获得了生活的勇气与力量。李燕杰对他们在意有加，帮助有加。几十年后，仍有人带着自己的爱人、孩子来看望他，来感激这位曾经为他（她）点燃生活之灯的恩师。

几十年来，李燕杰的心中也时常会生出对他们的惦念："那些青年，那些我帮助过的青年，他们现在过得可好？当年我的话、我的引见、甚至我的安排，是否让他们走出困境？那些我没见过的青年、少年是否也在自立、自强？"

1984年，李燕杰致信给邓小平同志："我们多办一所大学，中国就可能少开一所监狱……"不久，中央办公厅送来邓小平的亲笔题词：北京自修大学。

之后，宋任穷题词：献身、求新、创新、拼搏、韧长。

李燕杰关心着中国教育，中央领导及社会各界关心着李燕杰。旅美期间，李燕杰友好会见李政道、林家翘、潘毓刚、袁家骝、吴健雄等专家，并聘潘毓刚为北京自修大学教授。

在专业课教学中做思想教育工作，也能收到意想不到的教育效果。有这么一个例子：有一个姓王的女青年，一度想自杀，后来振作起来了，她给李燕杰写了一封信，谈了自己思想转变的经过——

一个偶然的机会，我怀着凑热闹的心情参加了西城区办的文学讲习班。您为这个讲习班讲了第一课，您讲课的题目是《德才学识与真善美》。您用了许多历史知识和民间传说，从屈原"虽九死其犹未悔"的爱国激情，到司马迁身受宫刑，发奋撰写《史记》；从曹雪芹穷愁潦倒、呕心沥血写《红楼梦》，讲到文天祥"人生自古谁无死，留取丹心照汗青"的民族气节。这些故事以前我全都听过，但却没有这次印象深刻和令人感慨。这是为什么呢？当时我还没有来得及自己回答，您又讲出这样一段动人心弦的话。您说，古往今来那些成大事业的，往往不是那些幸福之神的宠儿，而是那些遭遇了诸多不幸、而又发奋图强的苦孩子。

我听到这里，就想到前几年我仿佛在人生的道路上把全身的力量都耗尽了，没有半点生活的勇气了。可是没有想到，今天在这个文学讲习班里，我却感到了生活的希望。我激动了，我觉得自己麻木的灵魂开始苏醒了，熄灭了的心灵之火又被重新点燃了。我在笔记本上写下这样六个字：生命可以升华。

从前，我感到自己的身心处于一片孤独无援的境地，别人高兴，我烦恼；别人欢乐，我把自己比作他们欢乐的陪衬。可现在我变了，理想的花环戴在了我的胸前。我过去很少笑，今天开心地笑了。好像世界也变了，大自然的瑰丽颜色，身边人们的欢笑，我也感受到了。从前，我总感到身边有一个灵魂在哭泣，可是现在我的耳边常常响起革命的圆舞曲。能够拯救我的不是别的，是工作，是学习，是事业，是理想。困难与不幸对强者来说是一笔财富。我应该记住您所说的，在做一个正直人的前提下，努力学习，努力奋斗，让生命大放光华……

36. 感到渴望

1985 年，国际电台丁一岚台长（邓拓夫人）约请钱学森、李燕杰座谈青年教育，两人重点谈了德育问题，后来又谈及形象思维、灵感思维。钱学森说："一些人把灵感思维说得很玄，其实，我们在日常生活中，常常有个人名、地名记不起来。左思右想还是想不起来，后来，干脆不想了，这一放松，一会儿就想起来了，这就是灵感思维……任何创造性的认识过程，如果离开灵感思维，都难以获得创新的突破……"钱学森的灵感思维论使李燕杰深受启发，他又何尝不是一个灵感如涌泉的人呢?

山外青山楼外楼，目及之处多少行业精美啊！

李燕杰对刘吉的演说评价是：文理相通，政企结合，军地两用。其谈话特点是：短平快，实新知，情理趣，真善美。刘吉之所以成为刘吉，是因为他有教书育人出身：早年在清华学理工，但兼通文史；在工厂企业中工作，却又任党委书记；在地方大学工作，可是又穿绿色军衣。

他说："从刘吉为人为学中我们可以领悟到，一个民族要想站在科学的最高峰，就一刻不能停止理论思考，一个国家，一个政党要站在时代最高峰，就一刻不能没有哲学的思辨。"

李燕杰在关注大家的同时，也力荐他们走向更广阔的舞台，总是把他们介绍给大众，比如他与冰心为美籍华人梁盛志教授的文集写序言，比如他积极推荐吴运铎、孙敬修、高士其、韩子栋四位前辈为青年作报告，并聘他们为北京自修大学顾问……

如果说只有一个英雄，那么他肯定是假的，真正的英雄总是率领成千上万的英雄，总是以群体而出现的，而不是孤军奋战。

李燕杰隐隐感到一种望渴。

他真的渴望有千千万万个李燕杰在演讲，在做着教育工作，在完善、加强、落实每一个环节，毕竟，自己的演讲可以直指人心，打开听众的心门，但自己的行踪可是蜻蜓点水式啊！李燕杰开始寻找另一个集体，或者说构思组建另一支兵团。

守住自己，不离本行。调动最优秀的资源，集中优势推进中国教育艺术。这是李燕杰给自己的自励。1986 年，李燕杰、吴木、张一等人到中南海，进行青年教育工作研究。在这里，李燕杰虽然只工作了一周，但一个念头忽然从他脑际一闪而过（即钱学森所说的灵感思维）：成立一个中国青年教育艺术研究所。

作为青年专家、教育明星、艺术大师，由李燕杰牵头成立研究所显然再合适不过了。李燕杰的想法很快就得到党中央、北京市委的认同、支持。于是，从无到有，中国又一个教育研究机构成立了。李燕杰又创造了一个新的集体，融入了一个新的团队。青年教育艺术研究所内设：国内青年教育艺术研究室、国外青年教育艺术研究室、办公室、信息资料室等，机构完备，功能齐全。

37. 红色共青城

人的成长过程中，总有些印记、有些地点特别让人难以忘怀。衣锦还乡是一种抚今追昔灵魂的彻底狂欢。汉高祖得胜途中，仍忙中偷闲、急不可耐、浩浩荡荡回了一次自已的故乡——沛县，并即兴作诗一首：大风起兮云飞扬，威加海内兮归故乡。

井冈山、延安、西柏坡……中国共产党一路走来，一路险象环生，而这一个个地名，犹如红旗上的五角星让他们无限感慨，刻骨铭心，正是在这里他们经历着再生的阵痛，经历着一次次的凤凰涅槃，这些革命圣地，它们的一山一水、一草一木都似乎溶进了共产党人的血液里、灵魂里。

忘记过去意味着背叛，勇敢的心需要虔诚的缅怀。

1986 年，李燕杰、朱伯儒、张海迪前往江西，几人一起前往共青城等地发表演说、谈话，引起了社会广泛反响。时任江西省委第一书记万绍芬听了李燕杰的首场演讲后，当即决定请李燕杰回到南昌为江西省相关领导演讲。

忆往昔峥嵘岁月稠。在红色的革命圣地，与英雄烈士亲密战友叙旧，与同一战线标兵并肩作战，李燕杰似乎有说不完的话，理不尽的思绪。有时，李燕杰会瞬间觉得自已仍是个孩子，一个大地的孩子，一个最朴实的母亲的孩子，也许让一个英雄母亲发言通常是艰难的，甚至痛苦而残酷的，然而，在共产主义信仰的光芒下，所有的个人情绪都退却下去了，英雄母亲的目光变得如同英雄一样：镇静，坚定，大而无畏。

共产主义是人类最伟大的梦想，它包容了人类所能理解的所有的美好与期望，诚如保尔·柯察金所言：人的一生应当这样度过：当他回首往事时不因虚度年华而悔恨，也不因碌碌无为而羞耻。这样在他临死的时候就能够说："我已把我整个的生命和全部精力都献给世界最壮丽的事业——为人类的解放而斗争。"

而当一个人被这个梦想所照亮之后，他就会成为毫无畏惧的战士，枪林弹雨、流言蜚语、侮辱欺凌……所有这一切都会变得如同浮云一般轻盈，变成转眼而去的易逝之物。而他的生命，他个人的生命，却融入到集体之中，渗透进壮丽的事业之中，在这里，他可以体验到一种永恒。这次红色之旅，也是李燕杰灵魂的洗礼之旅，他在战争年代目睹过死亡，而在这红色根据地，红色圣地，在英雄母亲面前，他再次感到生命之沉重，梦想之高扬。

38. 雨中彩云飞

李燕杰的演讲之路可谓日夜兼程，风雨无阻。1987 年 7 月 12 日，重庆上空乌云翻滚，眼看一场暴风雨就要来临，这可难住了重庆西南师范大学的校长，因为这一天，西南师大刚邀请到李燕杰来这儿做报告。自然，“李燕杰旋风”不会比这场暴风雨逊色，就在“乌云压城城欲摧”的当儿，西南师大广场上已站满了前来听报告的人。

校长想更改露天场地，可哪里有万人礼堂啊！要不就更改演说时间，要更改时间，谈何容易？李燕杰的时间安排得密不透风，如再等下次约定，也不知道要到猴年马月了。

鉴于此，李燕杰执意如期开讲。

伴随着高分贝喇叭的节目预告，喧闹的万人广场立刻安静下来，师生们看着意气风发、目光如炬的李燕杰矫健地来到讲台前——

青年学生如春花之灿烂，激情、动人、可爱……

随着李燕杰的开场白，全场响起了雷鸣般的掌声，由此，台上的李燕杰神采飞扬，宛如一块巨大的磁石牢牢吸引着众人的情感和思想，掌声此起彼伏。

演讲始终热烈如初，而雨却由小变大了，校长让人替雨中的李燕杰打伞，谁知雨伞刚伸到李燕杰头上，李燕杰就一把拿过雨伞，扔在了地上，广场上打雨伞的学生们也纷纷把雨伞扔在了地上，一分钟前广场还笼罩着万紫千红般的彩云，一分钟后变成满地落英缤纷了。

上万人在广场上畅淋着大雨，伴随着这倾盆大雨自天而降的，还有李燕杰口若悬河的智慧，还有青年学生的久违的激情与梦想。

校长被这突如其来的场面惊呆了，而媒体更是前所未闻、前所未见这种场面，他们同样沉浸在这智慧的海洋、掌声的海洋、大雨的世界之中。

第二天，《重庆日报》就在显要位置刊发了专题报导，题目是《展未来谈选择李燕杰西师话肺腑，心共鸣情共振众师生雨中忘衣湿》，题目既表现了李燕杰“未来与选择”的演说主题，又道出了李燕杰“话肺腑”的演说风格，还描绘出了“心共鸣、情共振、忘衣湿”的演说气氛、场景，整齐、具体、到位，足见编辑记者们的良苦用心。

上万名大学生在雨中足足听了两个多小时，无人走动，无人退场，此情此景，感人至深。会上李燕杰说：“这足以证明：青年是可爱的，真理是可信的，改革是可行的。”

这种上万人的雨中即兴演说，李燕杰经历过好几次，另一次是在北大，场面与西南师大如出一辙。

哪儿有智慧的雨露，哪儿就有真理的花朵。

39. 一直宽容

1988 年的新年特别忙，李燕杰像赶集似的安排着近三个月的演讲活动，其中有一天的时间被定格，继而推到了全国人民面前。

1 月 13 日，李燕杰、曲啸、彭清一等人到一家玻璃厂参观时，突然被邀参加“青年教育专家与蛇口青年座谈会”。

上一次来深圳，已是十来年前的事了，此次见深圳变化如此之大，李燕杰惊叹万千，作为第一个发言者，他说这里是“美的风光，美的心，美的山河，美的人”。他赞美特区青年不是断了线的风筝，而是疾速腾飞的银鹰。

随着与会者关于淘金者的争论，双方展开了一些辩论。作为座谈会，辩论是习以为常的，但十几天后，《蛇口通讯报》刊发了《蛇口：陈腐说教与现代意识的一次激烈交锋》一文，《人民日报》也顺着这股态势把“蛇口风波”推到了全国人民面前。

面对报道，面对白天黑夜来的电话，李燕杰一直保持沉默，宽容是他的风格，即使在座谈会进入激烈辩论阶段后，他依然强调理解，强调宽容。在会上，他总共讲了三句话——

50 年代，我曾经来过这里，那时深圳叫宝安，一片荒凉，暴土扬尘。这次到这里后，我感觉这里建设得很好——美的山河，美的人，美的风光，美的心。因此，这里给我留下很深的很美好的印象。

朋友之间，同志之间，有不同的意见是可以理解的。但是呢，朋友之间，应该像碧空的星斗，永远互相照耀，不能像某些领域，像海滩的沙石，经常互相冲撞。

在座的朋友，在前进的路上总会遇到各种不同的困难，但是，只要天空还有星星在闪烁，就不要害怕人生的路上还有坎坷，让别人去做生活的轿子，我们的使命是永远去开拓。

这三句话没有不对之处。

但李燕杰为什么沉默呢？一是宠辱不惊，风风雨雨见多了，他写下两句名言自勉：宠辱不惊，看前庭花开花落；去留无意，望碧空云卷云舒；二是实在太忙，某些人说他们的观念陈腐，可全国各地，包括广东、深圳发来的请柬有1000多封，排都排不开，要是观念陈旧，早就给轰下台去了。除此之外，他们还有大量工作要做，哪一件不要时间和精力？三是他相信群众相信党，特别相信青年有能力分辨是非。

为此，他提出三宽容：

"青年人，说得对也好，错也好，我是宽容的；

记者们，说得深也好，浅也好，我是宽容的；

不明真相的人，说了我一些不好的话，我也是宽容的。"

李燕杰保持沉默的三个理由昭示着他"穷、达均济天下"的信心。人达，志达，智达；人穷，志不穷，智不穷，何以独善其身？

李燕杰是教授，曲啸是心理学家，彭清一是著名艺术家，要图名谈不上，图利更谈不上，李燕杰身体有病，一次报告后，血压低压不到60，高压不到90；曲啸患有胃病和关节炎；彭清一更是左眼失明，左腿伤残。可他们的工作强度比身体强壮的年轻人还高出许多。

宽容当然值得称颂，就如特蕾莎修女的大爱，甘地的非暴力一样，是人生的一种大境界、大智慧。李燕杰一直宽容的态度让崇敬他、关心他的人捏了一把汗，有人致信给他："您一直宽容固然可敬，可不要一味宽容啊……"

40. 问题就是答案

胜兵，先胜而后求战。

先胜，意思是作战前就对战争有了全面的了解、把握，使每一件事尽在掌握，游刃有余。李燕杰经历的事件、演说数千，但没有一次搞砸，可谓事事顺利，场场火爆，时时精彩。这除了李燕杰平时的深厚积淀外，还在于李燕杰对每一件事、对每一场演说前的深刻认识，全面把握及充分准备。

当然，并不是每次都有充裕的时间去认识，去准备，可是又不能一本经书念到老，在不同的情景之下，没有放之四海而皆准的真理。即使如此，李燕杰仍努力使演讲时时保持精彩，处处留下感动！

问题就是答案——感动谁？他们为什么而感动？

为此，李燕杰需要清楚地知道每一场演讲听众的构成，他们的生活背影，工作背景……由此深入他们的内心世界，深入大家共同的内心世界。最有效的演讲不是讲道，而是活生生的见证。演说的效果取决于听众对演说的反应，而演说的品质和态度取决于演说对听众的反应。

李燕杰的思维犹如一道自动程序，井然迅速地扫描，描绘出轮廓，综合出特点与重点。这个过程可以是几天，可以是几个小时，也可以是几分钟。这种迅速的反应、前卫的把握、时尚的表达、亲切的传递及内容的新颖、实用、博大精深、高屋建瓴，使李燕杰在年轻人中有了"F5"、"奔腾5"的绰号。

比如一次去大庆讲，他就将大庆职工的内心归结为热情奔放、自信自立。然而，这里曾是全国独一无二的大红旗——工业学大庆，这个曾经无处不在、无人不知的传播口号，使大庆人自豪、忘我，又备感压力。什么是大庆精神，什么是大庆特色？吃苦、效益、旗帜、奉献……这都对，但都不准确，它的核心是活力，职员生龙活虎，思想活跃上进，工厂生机勃勃，活力无限……

李燕杰知道听报告的对象主要是石油工人、政工干部、市委以及管理局的部分领导，还有教师与学生。成分很复杂，层次也不一样。如果报告者用"山葱龙，海濛濛”的缠绵诗句，听众是不会接受的。为了达到主客体统一，李燕杰用了下面这首诗：

红枫染，
雁高翔，
剑气冲霄汉，
文光射洪荒。
过重阳，大庆秋凉，
石油滚滚，
气势扬，
油城一片菊花香。

以上几行点出了当时的季节与报告的地点，简洁明快，通俗易懂。

山明水秀，
碧水送流光，
凌空始觉天高远，
涉水方知海域广。

从首都北京到北大荒上的明珠——新兴工业城市大庆，有1500公里之遥，空间上的跨度不可谓不大。坐在飞机上，俯视苍茫大地，昔日挺拔孤傲的山峰，此时却变得非常渺小。放眼望去，大有“会当临绝顶，一览众山小”的味道。这时，胸襟自然豁朗，视觉分外开阔。

铁人精神今犹在，
大庆豪情四海扬，
忠肝伴侠胆，
烈日送秋霜。
豪情壮，四海扬，

风云叱咤振国光，

征途漫漫，登高再望，

大庆油田着秋装。

对大庆“铁人”精神的赞美之情溢于诗里行间。但还必须指出“路漫漫其修远兮”，大庆人与思想教育艺术工作者要继续“上下而求索”，为祖国的明天，为了社会主义事业。

纵观演说诗词，字里行间充溢着豪情壮志。诗的整体效果给人以简洁明快、大气磅礴又通俗易懂的印象。符合客体这一层次的需要，可接受性很高，所以演讲取得了预想中的热烈效果。

一切问题都不是问题，问题就是答案。发现问题比解决问题需要更多的智慧，即使对一般的人而言，发现问题也意味着答案已解决了一半。

41. 有爱就有通天桥

人们推崇李燕杰的演讲，崇敬、热爱他，正是由于他义无反顾的爱，而正是由于爱，他变得义无反顾。也许，变成什么已是次要的了，重要的是他要去爱，去真诚地爱，不计得失去爱，去做，义无反顾，不顾一切。李燕杰随时准备迎接命运的挑战，工作中那些使他伤心、失意乃至悲痛的事，都没有使他屈服，更没有使他倒下，他在命运的痛击之下从没有低下高贵的头颅。

演讲既需要诗化，同时还要美化与艺术化。一次李燕杰前往协和医院做报告。一进会场便发现，台下是一片白色的海洋。但似乎每人手里都拿着什么东西。有些中老年大夫拿的似乎是医学书籍；青年大部分带的是画报类消遣娱乐性杂志；有一位戴眼镜的青年男大夫竟当着李老师的面唰地打开了一张报纸——《China Daily》旁若无人地读了起来。

面对眼前出现的情景，李燕杰竟毫不犹豫地走到了讲台前，沉着地环视了一下会场，略一停顿，洪钟般的朗诵便一泻而出：

每当想起那病中的时光，白衣战士总是引起我觉悟的遐想，你们人格的诗，心灵的美，还有那圣洁的光，给我以生命，给我以信心，给我以勇气，给我以力量。

就这短短几句，看书的不看了，看杂志的收起来了，阅读报纸的也折起来了。为什么会产生这种效果呢？究其原因——美的言辞，艺术化的语言，显示了报告者对白衣战士无限觉悟的尊重与赞美，借助诗的载体功能，传递了演讲者需要表达的情与理，言简意赅，凝炼深刻。这种尊重与赞美产生了强烈的“磁场”，深深地打动并吸引了在座的白衣战士们。同时，也许还包含这样的意思：我尊重了你，你是否也应有所反应呢？所谓“来而不往非礼也”！

42. 有心人的世界

一次，李燕杰、齐绍华和曲啸前往北戴河讲学，抵达时已是下午四点多钟。到晚饭前这段时间无活动安排，李燕杰便提议，在青年们还未注意他们到来的时候，去海滨看一看，了解一下秦皇岛的青年是如何生活的。洗漱完毕，几人便前往海滨公园，漫步于黄昏暮色之中。他们发现，青年们有的在游泳，有的在漫步，有的在聊天，有几对情人在不引人注目的角落里互相依偎，呢喃细语，还有人在吉它伴奏下吟唱《月朦胧，鸟朦胧》……这如诗似画的景象，激发出李燕杰诗的火花，一行行的诗便在漫步中酝酿而成。

第二天，报告开始了。他首先朗诵一首诗。

山葱茏，海濛濛

念了头一句，李燕杰便似有意地解释道：“世界上文章一大抄，就看你会抄不会抄。”“你们看这行诗是否有点琼瑶的《月朦胧，鸟朦胧》的味道?”他接着问。台下听众会心一笑，热烈鼓掌。为什么会产生这种效果呢？其实只要稍读过一点琼瑶作品的人，便知这是仿其之作。他明知故问，就是要创造一种氛围，制造一个“磁场”，同时表明自己实事求是的态度。气氛一下子就融洽起来，报告者与听众的距离也近了，达到了“亲其师，信其道”的效果。

解释完后，李燕杰便满怀深情地开始朗诵——

山葱茏，海濛濛，
秦皇岛夜空。
月光照帆影，
渔歌唱晚灯火红。
来也匆匆，
去也匆匆，
今夕，海上生明月，
明朝，天涯忆涛声。
风卷云舒，
岁月多峥嵘，
花开叶落，
荣辱不须惊。
魏武挥鞭，
碣石安在哉？
浩浩长空，
山海关上月色明。
久历沧海难为水，
身经骇浪傲险情，
大海，多一番波澜，
人生，少一分平庸。
来也匆匆，
去也匆匆，
山光水色收眼底，
青年忧乐到心中。
山色葱茏，

海也濛濛，
浩月高悬，
秦皇岛夜空。

诗朗诵完了，听众却还沉浸在演讲者借助诗创造的美好的意境之中。

听众用自己切身的人生经验体会着诗人用诗表达出的丰富的人生内涵与深刻的人生哲理。诗的语言是凝炼的，它没有平铺直叙出作者的酸甜苦辣，对人生的感受以及需要展示的哲理。它要靠听众自己从中去悟，使听众有足够回味的余地与空间。法国著名作家雨果在《克伦威尔序》中写到："思想，在诗句中得到冶炼，立刻就具有了某种更深刻、更光辉的东西。铁变成了钢。"这正是诗的魅力所在。

世界并不缺乏真、善、美、爱，也并不缺失幸福、财富与成功，而是缺少发现它们的眼睛，缺少有心人。世界不是有钱人的，不是有权人的，也不是有闲人的，而是有心人的。

对李燕杰来说，他的听众三教九流，形形色色，以听众为导向，这促使他更广泛地观察、走近、接触、了解更多的人和事。时时留心，处处在意，这使得李燕杰的思维总是如雷达一般搜寻着生活中的目标，牢固而经久地锁定每一个目标。

就如这次北戴河之行，李燕杰漫步在北戴河海滨，望着夜色朦胧的海滩，想到青年教育事业的深远意义与艰辛历程，想到多年来与广大青年相识相知的酸甜苦辣……于是，他跳荡的心中流淌出《秦皇岛遐想》。诗意味隽永，妙韵缭绕，不胫而走，从北戴河被众多的青年传抄到全国，之后相继有几位热心的青年作曲家为之谱曲，歌曲广为传唱，青年男女为之倾倒，成为他们心中的诗、梦中的歌。

直指人心的话，直撼人心的事，他信手拈来。同一件事，每个人的认识角度不一样，是否可以真正道出其特点，挖掘其价值，往往取决于他的用心程度和思想底蕴。只有爱才能交换爱，只有心才能交换心。换言之，爱生爱，心开启心。

师生之间，亲如手足情，诚如赤子心。

李燕杰从工人中走出，他深深知悉青年的疾苦，深知青年的压迫，面对青年热烈的掌声、殷切的目光、真挚的信件……他的心反复沸腾，唤醒着他人性深处的普爱情怀，这使他的心一辈子都与青年交融在一起，即使功成名就，光环四射，他的心、他的声响、他的身影、他的精神与思想仍停留在青年人的中间，自愿、融洽、快乐、惬意……他一直加速建设着这种粘合力，以至于与他接触过的每一个人，无论年长、年少、官员、企业家、学者、学生……都会惊叹于他的精神、他的爱、他的智慧之璀璨。

面对失学、失业、失恋、失意、失望、失魂……面目渐非的同胞，李燕杰的心被刺痛了，又被温暖了，他为他们指点迷津，关爱、牵引着这数以千万计的迷途羔羊。他的目光明亮起来，他的面容滋润起来，尤如一个牧师，走下神坛，与信徒们热切拥抱。

热爱演讲，更热爱听众。只有发自内心的热爱，才能为演讲增添活力、说服力、感召力。

心有多大，舞台就有多大，每一颗心都是“宇宙之心”的一部分，当一颗心无限大的时候，它所能包容的心也就越多，它能打开的心也越多，因此它也越接近于“宇宙之心”，而它越接近宇宙之心的时候，那众多的心灵也就成为“它”的一部分。

小我立身，大我立心。心立则人立，人立则凡事举。

李燕杰用在演讲、写书、读书、育人、开会、应酬的时间很多，其实他的沉思时间也是十分多的。他常常对着天上的白云发呆，对着夜幕下的星星沉默，忘我地对着一本书，长久地凝视一幅画、一朵花……这时，他的心被牧放出去了，这颗心时而如羊群悠然信步，时而如野马狂奔，时而如猎豹屏息潜伏，时而如烟云来去无踪……

沉思是心灵的盛宴，静观是心灵的历练。

人们更多看见李燕杰的“动”，其实正是诸多静的努力，才使他的动如此精彩，如此卓而不凡。

捐献钱财给别人的人并不是真正的恩人，甚至传播知识给别人的也不是，奉献智慧给别人的也不是，只有那些把自我奉献给别人的人才是真止的恩人，那些奉献“大我之心”的人。

43. 远离父爱

1990年春节后不久，中华教育艺术研究会就准备着外出巡讲。其中河南之行规模较大，行程也较长，演讲者包括李燕杰、曲啸、刘吉、景克宁、彭清一、郭海燕等，地点包括郑州、开封、洛阳、许昌、平顶山、宝丰等。

4月7日，李燕杰一行正在平顶山棉纺厂为数百名青年工人演讲的时候，他身染沉疴的慈父在北京呼唤着这位爱子的名字痛苦地辞别了人世。当人们把噩耗告诉从讲台上走下来的李燕杰时，他顿感天旋地转，如万箭穿心。是啊！他怎么能不伤心欲绝？离开北京时，重病住院的父亲身上已插了四条皮管子，输液、输氧、输血、排尿，危在旦夕。他是父亲最为钟爱的长子，他舍不得离开父亲，然而，深明大义的老人却果断地挥着手让他先去忙工作，谁能想到竟是诀别？一股浓烈的悲痛、愧疚自李燕杰的心底升起，弥散至他的全身。一时间，父亲的音容笑貌立刻浮现在他的眼前。

从小，李燕杰心目中的父亲就是顶天立地、学贯中西、才高八斗，尤其父亲对孩子们的教育，更是充满着无限的爱与期冀。作为清华、北大高才生，父亲却过着清贫困苦的生活，甚至饱尝失业的心酸。他的个性是那么强，那么刚直不阿，然而生活中又表现得那么柔弱。他有一个文学梦，有一个强国梦，他能拒绝为日本人做事，宁愿饿肚子也不屈服，这曾使全家深陷大饥荒之中，看着儿女们一个个饿得面黄肌瘦，他又怎一个“忍”字了得。从个人感情上说，他对妻子，对这个家充满了愧疚与悔意，尤其是对那夭折的孩子，罪孽感更是如石头一般紧紧压迫着他，压迫着他脆弱的心。

可是，如果让他重新选择，他还会选择这条充满饥饿、寒冷、贫穷、死亡，甚至罪孽的路。没有国，哪有家；没有民族强盛，又怎有个人发达？这是个人的悲剧，也是民族的悲剧。亡国奴，历史已轻描淡写了这一笔，可是，它意味着多少个家庭家破人亡啊，意味着多少活生生的生命血淋淋地离他们远去。

李慎言一生主要从事教育工作，教过小学、中学、大学，晚年在北京俄专（即北京外国语大学前身）、湖北教育学院、华中师范学院、中央民族学院任教，并兼任民办大学教授。他一生著述甚丰，其中包括《孟子的政治思想与经济思想》、《中学语文补充教材》、《长城名陵游记》、《燕都名山游记》、《书法概论》。还有尚未出版的《燕都随笔》、《中国文学史稿》等。

他是教育家、国学家、书法家，享年100岁。堪称德高望重的学者，他还一度在《民国日报》当编辑，并在《民国日报》、《益世报》、《实报》上发表了大量文稿。

李慎言是一个典型的爱国主义人士，他不仅教育后代热爱祖国，而且自己也身体力行，倡导学习屈原、岳飞、文天祥、史可法，杀身成仁，舍生取义。

而他作为学者，以毕生精力献身于教育事业，不慕名利，好读书，所以，形成买书、读书、写书、教书、藏书的良好家风。

作为一家之长，他为人正直、老实，他经常讲：宁让别人对不起咱们，咱们不可亏欠任何人。也经常讲到祖父临终前烧掉别人欠债的借据故事，以教育儿女们。

他在教育子女方面，主要贯彻老子《道德经》、孔子《论语》以至孟子的仁政等思想。

“要走正道，不走邪路。要走活路，不要走死路。”

“要博学，要博爱。”

“没见过高山，不晓得此地是平原；没见过大海，不晓得此地是小河；没见过有学问的名人，不晓得自己多么平凡和渺小。”

为此，在李燕杰的幼年，李慎言时而领着长子逛长城十三陵、万寿山，时而引领着拜见一些大学者，如鲁迅、周作人、俞平伯、叶圣陶、丁玲、沈从文、尚节之、李苦禅等。

他经常谈到这些长者的学问、胆识，还用导师梁启超的名言给李燕杰以启示，让其向一些名人学习：

“善观者，观滴水，可以知大海，观一指可以知全身，不以其已知弊其所未知，却以其已知推及所未知，是谓慧观。”

李燕杰下放劳动期间，有一次，他回到中央民族学院（现中央民族大学）父亲的住处，年近八旬的父亲深知儿子的心思，他拿出《资治通鉴》里司马光写的一段话给李燕杰看：“夫聪察强毅之谓才，正直中和之谓德。才者，德之资也；

德者，才之帅也。……是谓才德全尽谓之‘圣人’；才德兼亡谓之‘愚人’；德胜才谓之‘君子’；才胜德谓之‘小人’…君子挟才以为善，小人挟才以为恶……”

父性的本能使李慎言不苟言笑，他似乎要把悲痛化为缕缕青烟，满载着智慧、快乐涌向活着的和死去的孩子们。作为长子，李燕杰倾注了父亲许多的期望，许多的爱，聪颖、好胜而调皮的李燕杰在父亲的教导下，在自己的努力下，在许多人的关怀与帮助下，终于由“淘气大王”转变为“铸魂大师”，就如春蛹化蝶一般，十分美丽，十分动人……

44. 羲黄文化，强盛中华

对一个民族来说，她的历史就是她的基因，正是这些基因，造就了一个民族的性格，决定着民族的兴衰与命运。作为教古典文学出身的李燕杰，他深信中华民族的伟大与卓越，至少在文学上如此。像世界上其他民族的远古文学一样，中华远古的文学也渗入了浓厚的哲学意味、神话意味，甚至浓厚的经世济人意味。

寻根，是中国人普遍的情结。李燕杰不为自己的家族寻根，他在为自己的民族寻根，这对他来说，似乎是民族生存的依据，民族腾飞的依据。追昔是为了抚今，况且，中华民族的远古文化犹如一座有待开发的宝藏，作为文化宝藏，它彪炳千秋，恩泽万代，福祉四海。

台湾李畊强调中华文化远比现在所说五千年要久远，炎黄子孙应称为羲黄子孙。对此，李燕杰不仅赞同，而且要研究羲黄文化。

韩国、日本作为亚洲四小龙之首，它们的文化传承了太多太多的中华文化，许多文化在他乡异国，已开出灿烂的花，结着辉煌的果。李燕杰想走得更远，人们说中华民族有五千年的文明，他说不，他说有八千年。

这不是空穴来风，八千年的始基是羲黄文化。八千年这个数字，是他经过研究羲黄文化得出的结论。认识自己，有助于每个人开发自己的潜能，认识羲黄文化，有助于发掘中华民族的潜能。

强盛中华，是李燕杰的梦想，他力图娴熟地运用他所能用的每一种形式去证实它，去推动它。他像蚯蚓下饮黄泉，上食埃土般为这个梦做着所有的努力。有一首歌曾经红遍大江南北，开头一句："昏睡百年，国人渐已醒……"李燕杰说，不是百年，是千年!

一个民族的灿烂文化有什么理由在此衰落，而在彼崛起呢？文化衰落是一切衰落的开始，而文化的崛起，也是一切崛起的开始。

在李燕杰的前面，似乎又多了一条更加悠长的路。他似乎总在不断地踏上新的旅程，总在不断迎接新的战斗。"其实，这一切早就该开始。"他淡淡地说。他夸父追日般地与时间赛跑，精卫填海般地丰富着中华民族的文明摇篮。

45. 当人心遭遇文字

李燕杰对字情有独钟，天生敏感。他使"字"成为一个活生生的立体世界。他的书法构筑着字形，他的演说传播着字声，他的书诠释着字义。每一个字都如一个生命的小精灵，都诞生，生长，甚至衰老，消灭（即名存实亡）。每一个字也都诉说着自己的故事，它们有自己的密码、故事与传奇。

犹如打磨一件精良的武器，李燕杰精心打磨着、熔造着眼前的字，他使躺着的字站起来，飞起来，他使安静沉默的字热闹起来，喧嚣起来，他使苍白、无精打采的字红润起来，生龙活虎起来，他使日益破落、灰心丧气的字凤凰涅槃，信心十足……李燕杰经营着字，也经营着自己的人生，他全神贯注地经营着。

当字脱口成为语言，它就有了流动、频率的能量，在李燕杰的深情注视下，他演讲的文字仿佛一个个要破窗而去，几乎要把玻璃撞碎。它是高能量的，却是无比优美的，它撞击开一颗颗跳跃的心，使之热血沸腾，激情澎湃。

当字诉诸笔端，它就有了节奏、思想的特性，它言志，兴物，被人称为诗。1992年，冰心看了李燕杰的诗写道："诗之心，国之魂，诗如其人。"臧克家说："李燕杰的诗可以观，可以群，可以兴，可以怨……"贺敬之说："李燕杰给语言插上飞翔的翅膀飞到了青年的身上。"艾青称李燕杰为"真正的诗人"。

当字在李燕杰笔下成为珍贵书法时，人们目睹了字的孕育、诞生，它所承载的，是一种"烈火中永生"的东西。

与文字结缘，是一种幸运，与智慧同行，是一种财富。当人心遭遇文字，心就被打开了，被照亮了，被温暖了，被打动了，被激活了。而当文字遭遇人心，文字就被打开了，被照亮了，被温暖了，被打动了，被激活了。

也许人心的密码，就是语言文字的密码，否则，人为什么总需要一种信念，一种清晰的信念，一种清晰得可以用语言文字所能表达的信念。

人的成功常有三大境界：立功、立德、立言。立言被誉为最高境界，这是一种智慧。

46. 最深情的哺育

张之英是一个充满爱心又有主见的的中国妇女，同时她也是个虔诚的基督徒。她吃苦耐劳，家里家外一把手，对孩子充满爱意，同时又有原则。从小到大，李燕杰听到母亲说得最多的，就是要有同情心，要团结，关心他人比关心自己更重要，做个正直的好人。

1948 年，在张之英的心灵深处定格了，那一年，她在贫困中产下了第六个小生命，是个女婴，母亲营养不良，婴儿自然十分脆弱，饭都吃不饱，哪来的奶水？医院好心的同志送给这母女俩一瓶雀巢奶粉，张之英愧疚自己受人恩情深重，便让李燕杰在保健所打工了，一则还个人情，二则抵付生产无法交付的助产费。然而，无论张之英怎么努力哺养，小生命还是在饥饿中离她而去。

“唯一真实的乐园是人们失去的乐园，唯一幸福的岁月是失去的岁月。”普鲁斯特在其巨著《追忆似水年华》中以一千种方式重复着这一主题。

在母亲心中，儿女都是不死的，即使真的死了，他们也会活在她的血液里，活在她的灵魂里，她时时惦念那眼前的孩子，也时时惦念那烟云中血液里的孩子，对后者的惦念，常使她热泪涟涟。

1993 年，李燕杰正在召开年会，为教师校长演讲。11 月 2 日，张之英突然陷入昏迷状态，继而去逝。李燕杰心如刀割，母子连心，李燕杰的心，突然变得空空荡荡。

张之英自幼读私塾，从《三字经》、《百家姓》、《千字文》开始，又读官学堂，读小学之后，又读师范学校，后来在北平女子文理学院读书，为了相夫教子，中途辍学，后来曾教过小学，中学，又曾教过夜校。

她一生之中生了七个子女，其中两个夭折，哺育成人的共兄弟姐妹五人。这弟兄姐妹五人均是大学生，具有高级职称，也都是中共党员。她不仅养育子女，而且在晚年又帮助子女带了五个孙子孙女。

李燕杰一家，作为北京人，虽说属于知识阶层，但因碰上日本军国主义者入侵，所以一直生活在社会底层，挣扎在饥饿线上，不时陷入水深火热之中，仅以住房被迫搬家为例，就有十几次。

这十几次的搬家，完全由张之英操持，风里来雨里去，艰难困苦，作为一个身患骨结核等疾病的弱女子，张之英承担了他人难以代替的重担。

她对儿子的教育，经常是潜移默化的。她爱唱《苏武牧羊》、《满江红》、《天下为公》、《公德私德，两相较，公德比较更重要》等。她教育子女谦虚谨慎，不骄不躁。

她一讲孟母三迁：她强调要有一个育人的好环境，向孟母、孟子学习；二讲爱国，李燕杰七八岁就读《精忠岳传》；三要艰苦奋斗，不随便花一分钱，要讲究节俭；四要关爱他人胜过自己；五要刻苦读书，勤奋学习；六要认真工作，处事为人要一丝不苟；七是诚实待人，不讲假话，不说谎话；八要孝敬老人；九是尊敬师长，一日为师终身为父；十是不参与任何坏事，不能介入任何坏事。总之，她直到晚年仍坚持时时处处教育儿孙，要做一个正直的人，勤奋的人。

当然，她也“幼吾幼，以及人之幼；老吾老，以及人之老”，在她所居住的街道，她经常受到左邻右舍赞许，还曾被评为北京市扫盲积极分子。人们讲口碑比金碑重要，张之英一生的口碑是：家中楷模，邻里典范。

47. 行者无疆

1994 年，是李燕杰日行万里的一年，他先是应西德欧华学会的邀请赴西柏林讲学，参加会议的有车慧文、丛维熙、周韶华、龙应台、李治文等人。弘扬中华文学、弘扬汉学，这无疑是李燕杰所梦寐以求的，也无疑是李燕杰的拿手好戏。

李燕杰恪守的为人、做事原则赢得了不少朋友的赞叹。他从小就很珍重友谊，在他的感情世界中，容不得一丝一毫的虚伪和狡诈。多年来，在国内外，他都结交了不少知心朋友。他们在李燕杰心中留下了美好的记忆。在与地质部的同志创办“北京自修大学”的过程中，他对这种友谊的作用和力量感受特别深刻。

一次，李燕杰提到自己与朋友没用国家一分钱，办起了一所以中国语言文学为主要教学内容的自修大学，学员都是未能跨入高等学府的大门而又不甘落后、发愤自学的青年。没想到，这话引起了孙必达夫妇的兴趣和重视，他们详细询问了这所白手起家的自修大学的情况，明确表示要为其做出点贡献。

就在这次见面之后，孙必达夫妇回到香港，把他们在香港的办公室腾出来，交给了北京自修大学香港分校的负责人。随后，他们又赶到洛杉矶为自修大学募捐。在那里，有一大批像孙必达一样关心祖国命运的侨胞、美籍华人，他们了解到二十五万自修大学的学员艰难刻苦地利用业余时间学习的情况后，便慷慨解囊，鼎力相助。

西方有句谚语：“财富不是朋友，而朋友却是财富。”同这几位美籍华人朋友的交往，使李燕杰真正懂得了这句谚语的深刻含义。他觉得，他们对祖国和同胞的一片真情，是无法用任何金钱计算的最可宝贵的财富，北京自修大学的每一位学员，都不会忘记他们的功德与义举。

后来，李燕杰应孙必达、伍兢宇的邀请，前往美国洛杉矶、旧金山、拉斯维加斯访问，同行的还有王克、郭海燕、齐绍华。期间，李燕杰接受《世界日报》访问，在访问中，李燕杰着重介绍了北京自修大学、羲黄文化研究院，对此，《世界日报》作了专题报道。这一年，一部400万字的《中国社会力量办学大词典》得以出版，这部以李燕杰为主编和冯俭等人编的大词典，是中国教育史中的一朵奇葩、一座里程碑。它的出版，得到国家教委及各级教育单位的一致好评。

48. 阳光、空气、水分

为迎接香港回归，1995年3月，李燕杰应澳门中华教育会李沛霖等人的邀请，前往澳门演讲。

雪尽马蹄轻，人逢喜事精神爽。李燕杰在澳门的演讲如水银泻地，无孔不入，又如金玉掷地，动人心魄。本来安排讲三场，在听众的呼唤声中与期待中，结果追加一场又一场，总共讲了七场，就这，还有很多人说没听够，还有人说我的某亲戚、某朋友还要听。近万澳门听众为他的精彩演讲所倾倒，澳门各家电台、电视台、报纸、刊物纷纷做了突出报道。

听众听不够，李燕杰也讲不够。

8月，李燕杰又应香港朱伯舜的邀请，他与于洸、郭海燕一行几人赴香港五所学校演讲。

在香港，正值大、中、小学放暑假之时，五所学校的师生代表顶着酷暑齐集培侨中学演讲厅。李燕杰向听众展示他书写的演讲主题："天地人、精气神与真善美"，全场听众为之一振。李燕杰就当代青年道德修养、爱国主义与民族情结、国内的改革开放等香港青年关注的问题做了精彩的发挥，他讲："人要在天地人中找到自己的坐标位；人要有自已独特的精气神；人要创造至真、至善、至美……"

青年被深深地吸引住了。他们没有想到，来自祖国大陆的这位大名鼎鼎的演讲家，竟能这样贴近他们的情感世界，贴近他们对生活的憧憬、对未来的追求，他们喜爱这样的演讲，他们需要这样的演讲。

演讲结束后，活泼可爱的年轻人捧着李燕杰送给他们的由他亲笔书写的条幅依依不舍地与他握手告别，许多人都说着同样一句话："欢迎你以后再来给我们演讲!"在场的香港各校的教师纷纷要求和李燕杰合影，由于人多地方窄，年轻教师主动蹲在前排，其他人簇拥着李燕杰，大家兴高采烈地拍了几张合影。时任新华社香港分社副社长、新华社发言人张浚生在接见首都师范大学访港代表团时说："在国内就知道李教授的演讲很受青年欢迎，希望今后能有更多的香港学生、香港青年听到他生动感人的演讲。"

有人向李燕杰询问："你的演讲生命为什么持续这么长久?"李燕杰在一篇文章中回答说："我靠的不是天才，不是机遇，而是信念、情感、勤奋和意志力!"

信念——演讲家的精神支柱。自己坚信不移的东西，才能化作力敌千钧的语言去撼动听众。

情感——演讲家热力的源泉。自己具有高尚美好的情感，才能用它去感染和感化台下的听众，才能有从内心深处流淌出的真诚语言。

勤奋——这是演讲家掌握最新消息，捕捉稍纵即逝的思想闪光所必需的素质。“三更灯火五更鸡，正是男儿读书时。”只有勤奋的人，才能与时代同步，与青年同步，才能准确掌握青年一代的思想脉搏。

意志力——这是演讲家不断地战胜自我、超越自我，不断地迎接挑战、跨越艰难险阻的心理保证。演讲家自已具有百折不挠的意志力，才能迅速地扫除各种障碍，在风云变幻的讲坛上站稳脚跟。

李燕杰确是一个这样的人，为了青年教育事业，遍尝人间的酸甜苦辣，饱览人生苦旅的万千气象，然而他却痴心不改，热情如初，正像他最爱的屈子：“虽九死其犹未悔。”

李燕杰的演讲可以倾城，可以倾国。一位香港教授说：“我在这里（香港）教书 30 多年，从没有听到过这样好的演讲。”

一位香港知识分子听了李燕杰的演讲后激动不已，他专门写信给李燕杰说：“李燕杰的演讲是黄金、白银、钻石？不是，他的演讲是阳光、空气、水分，只要有人类存在，李燕杰讲的真、善、美就不会绝灭，而且永远受到广大群众欢迎。”

是啊，对于所有的生命来说，有什么会比阳光、空气与水分更重要呢？阳光、空气与水分是孕育生命的最基本的元素，是生命最初的摇篮，它们意味着生命，意味着生命的生生不息，意味着生命精神的代代相传。

李燕杰的演说是心灵成长的阳光、空气、水分，高尚的灵魂需要这神圣的光辉，需要这纯洁的空气，需要这晶莹的甘露。虽然这心灵的阳光、空气、水分是李燕杰呕心沥血历练出来的，但反过来，它们又喂养、强壮着李燕杰高贵的心灵，喂养、强壮着数以千计的听众、读者、民众。

49. 怀念好友

李燕杰感情丰富，炽热，真诚，每个与他有过交情的人都可以感受到这一点，都能感到他对人的热情。有人说李燕杰朋友遍天下，桃李遍天下，粉丝遍天下，几十年的粉丝，一个个都变成钢丝了。西塞罗曾说：世界上没有比友谊更美好、更令人愉快的东西了。没有友谊，世界仿佛失去了太阳。

在李燕杰的心中，祖国处处是亲人，世界处处是亲人，他走到哪里，爱戴他的人就簇拥到哪里。大家心里想着李燕杰，缘于李燕杰心里时时装着大家。一个只顾自己，目中无他人的人，又怎能妄想别人为他服务，目中有他呢？只有牵挂别人，别人才可能牵挂他。

人们常说文人相轻，而在李燕杰的身上，体现出来的是文人相重，文人相惜，相爱。李燕杰的谦逊使与他交往过的每一个人都建立起了最亲密的关系，尤其是搭档曲啸、彭清一等人是李燕杰思想层面的知己，又是李燕杰演讲生涯的铁杆战友。为了共同的事业，他们几个与刘吉一道驰骋在祖国的大地上，他们四人如阿波罗驾着智慧马车守护着这个蓝色星球，所到之处，春暖花开，生机盎然。

然而，2003 年，这辆四轮马车失衡了，曲啸因病逝世。

李燕杰想起曲啸一起奋斗的日子，无数个具体、生动的细节一一浮现在李燕杰面前。大家辛苦，也十分幸福。他们是真正的志同道合、情投意合的战友。

李燕杰曾说曲啸的《牧马人自述》包容着：志士般的刚毅，哲理般的深邃，小说般的人物形象，戏剧般的矛盾冲突，相声般的幽默，书法般的气韵，电影般的蒙太奇手法。

四驾马车中，曲啸与李燕杰同时登台演讲的时间是最多的，1988 年元月，李燕杰在武钢作《赠曲啸同志》一首：

磨砺铸忠骨，
铁窗炼丹心。
呼啸振臂起，
一曲壮国魂。
海纳百川水，
峰高势凌云，
天地有正气，
豪情万古存。

李燕杰与另一位演说家彭清一的相识，颇有戏剧性。

1988年，北京师范学院邀请彭清一去演讲。彭清一提了一个要求：想见一见李燕杰教授。当时李燕杰已经是一位著名的演讲家了。而彭清一这位国家一级舞蹈演员，在舞台拼搏36载，落下满身伤残，不得不告别舞台，走上这个青年思想工作的神圣讲台，不过两三年。可是令他失望的是，接待的同志对他说："李老师很忙，恐怕不一定有时间。"

阶梯教室里座无虚席。彭清一在演讲过程中，发现在激动的学生群中，有一位戴眼镜、学者风度的中年人，边听边记笔记，还不时热烈鼓掌。彭清一想："他是谁呢？"

三个多小时的演讲在雷鸣般的掌声中结束了。教室里立刻出现了一字长蛇阵，100多名学生纷纷要求彭清一签名。彭清一一个接一个地为学生签名，可是后面队伍还排得很长。这时，那位戴眼镜的中年人走了过来说："同学们，让彭老师缓口气吧！他满身伤残，讲了三个多小时，已经很累了，该让他休息休息了，请大家体谅吧。"后面没有得到签名的学生们，带着失望而又理解的表情陆续散开。"中年人"搀扶着一瘸一拐的彭清一出门走向汽车。彭清一握手告别时说："谢谢您替我解围，请问您怎么称呼？""李燕杰。"彭清一一怔，高兴地又手握着李燕杰的手说："终于见到您了，万万没有想到原来是您！"

彭清一晚上怀着激动的心情给李燕杰写了一封信。李燕杰热情地赞扬他演讲的成功，并寄去一本自己的著作《塑造美的心灵》。不久，李燕杰又写了一篇《试论彭清一的演讲艺术》发表在《演讲与口才》杂志上。在谈起各自的经历时，原来他们过去在华北大学是同学，不过一个在政治学院，一个在文艺学院，彼此不认识。此后，在工作中，李燕杰与彭清一成为朋友，彼此之间相互给予不少关怀和支持。

有人说，"同行是冤家"。李燕杰却说："'嫉妒'二字和真正为事业拼搏而献身的人是无缘的。有些领域的人也许如海滩上的砂石相互冲撞；而我们却如碧空的星斗互相照亮。"正是这种博大无私的胸怀，使李燕杰和彭清一成为挚友。

1990年元月，李燕杰与彭清一应邀到天津演讲，演讲之余促膝谈心，情真意挚，依依惜别，临行作《与清一河西告别》一首，赠清一：

淡淡海河水，悠悠远客情。

离合理之常，聚散安足惊？

相识相晤三五载，山光水色相与共。

疾风知劲草，风波显精诚。

豪情壮，志趣同，即使骤雨伴斜风。

“一自悲风生易水，千秋白日贯长虹。”

慨然抚长剑，济世岂邀名？

崎岖征程千万里，耿耿丹心无限情。

舞台兼讲台，振臂一呼山河动；

天涯与海角，指点江山四座惊。

情深难忘通宵语，言尚在，义气重。

今朝为客河西春风里，明朝无尽关山万里行。

淡淡海河水，悠悠远客情。

谁言知音少，道合有良朋。

彭清一18岁考入华北大学艺术系，学习歌舞，自此与舞台结下了不解之缘。曾以《红绸舞》、《西藏舞》在柏林为祖国赢得两枚金质奖章，成为一名出色的民族舞蹈艺术家。1985年，彭清一在排练做示范动作时左腿骨折。飞来的横祸，残酷的现实，使彭清一不得不离开他心爱的舞台。但倔强的他不顾家人的劝阻，又迈上了另一个人生的舞台——演讲台。

彭清一说：“不论我演讲了多少次，我总是把每场演讲当作第一场，一丝不苟，满腔热情地对待。”听过彭清一演讲的人们都从中受到了教育、启迪和鼓舞，把他视为“人生之友”、“铸魂之师”、“用生命呐喊的人”。把他的演讲视为“诚与美的呼唤”、“情与爱的渗透”、“心与心的交流”。听彭清一的演讲是一种净化，是一种升华。赞誉之辞发自内心。可以想象，对于一个身有残疾的老人来说，两千多场演讲，他该付出和倾注多少心血。

李燕杰、曲啸、彭清一、刘吉被誉为“共和国四大演讲家”，他们的演讲感染了每一个聆听报告的国人。20年来，彭清一的足迹遍布全国27个省、市、自治区，听众达数百万人次。至今，他已演讲3000余场，并担任183所大学的兼职教授，27个大型企业的高级思想政治顾问。

50. 浮起来的石头

石头是浮不起来的，除非有速度；人斗不过癌症，除非有非同寻常的意志。

2004年6月20日，李燕杰到北大医院看病，被诊断为前列腺癌。李燕杰简直不敢相信自己的耳朵，这简直是个晴天霹雳。李燕杰一脸凝重，他的心沉沉地跌落下来——还有什么比这种绝症更摧人心志！

活到老，学到老，讲到老。这是李燕杰很早以前就给自己的嘱咐，然而，不知不觉间，老之已至，病之已至。

每个人的生命中都潜伏着一种能，只有遇到大变故、大打击、大刺激，这种潜伏的能，往往能在顷刻间就会被唤醒。

同样，如果一个人向往真理、向往光明足够执著，他内心的能就会变成力。

住院期间，他不忘青少年教育。他力图发明一种更新颖的教育方式，他孜孜地思考，细细地求证。随着网络的普及，以及视听作品的风行，李燕杰要尝试写剧本，这对他并不陌生，经过几个月的努力，《慧海泛舟》、《青春梦幻沙龙》、《民族之魂》、《圣哲与圣典》、《国庆长假的故事》四部青少年教育剧本已露雏形。

凭着顽强的意志与毅力，李燕杰的病情得到控制，然而只要能站得住，他就会带病去演讲。最终，他战胜了癌魔。

如果不说台上神采飞扬的老者是癌症病患者，没有谁会把这两者联系起来，成功智慧学、家族教育、女性问题、传统文化等是李燕杰近几年的演讲主题。在他的规划中，他要一年围着中国讲一圈。2004年上半年，他刚在成都、济南、郑州、襄樊等地开讲，就被住院所打断了。2005年，他连续在北京、上海、天水、石家庄、承德、青岛、深圳、广州、沈阳、西安、长沙、济南、临清等十几个城市轮番讲，使听众们耳目一新。2006年，他到民革中央、理工大学、武警学院、中联部等单位讲，真是讲无止境啊！

在讲坛上，李燕杰犹如一辆埋头前进的坦克车，他几乎没有时间停顿，没有时间休息。

老骥伏枥，志在千里。他比许许多多的人走得更远，想得更远，想得更多，做得更多。对于那些一路埋头苦干的人，他可以无睹自己头顶的桂冠，但作为他的照亮者，则不应忘却得太多。

2005 年 11 月 21 日，中国教育家大会在北京人民大会堂及华润饭店召开，李燕杰出席了大会（他已先后两次参加此会），并作了《教育艺术与成功智慧》的演讲，他的演说备受听众青睐，掌声此起彼伏。会后一封封热情洋溢的信飞向了李燕杰及主办单位中国教师报社、承办单位《发现》杂志社，其中一封信写道：

“……来自大眼光、大主张、大境界的大家受青睐。这种大家闻名遐迩，如雷贯耳，人们很想一睹其风采，而这种大家往往融汇古今，学贯中西，充满智慧，其演讲言近旨远，发人深省，确有博大精深之妙。表面听去有时像远离教育一点，细分析又句句抓住了教育的神髓。这次，教育艺术演讲家李燕杰就属这样的大家……”

2005 年，李燕杰荣获演讲界终身荣誉奖、培训教育终身成就奖、“中国当代杰出艺术家”、“中国国粹杰出艺术家”称号；2006 年，李燕杰荣任全国首批文化和谐使者；2007 年，李燕杰获爱国教育成就奖、“友好天使慈善活动家”荣誉称号，同时被邀请为世界华人演说家协会副会长、中国名人演说家协会名誉会长等。

51. 让自己甜蜜着

生活的艺术，来自对细节的珍视，生活的乐趣，则来自对生活的热忱与好奇。李燕杰是个大忙人，但却从不缺乏生活的乐趣，他也经历了诸多大风大浪，却从不丧失生活的信心。

很多著作对人的特性进行过十分深刻的论述，并且在某一方面往往登峰造极，如卡夫卡于孤独、叔本华于空虚、克尔凯郭尔于恐惧、弗洛伊德于性、荣格于神话、康德于道德、赫拉克利特于性格、老子于道、孔子于教育、庄子于禅、芥川龙之介于人性，而尼采对于人这个大问题，阐述得全面、系统、透彻，他甚至造出一个超人查拉图斯特拉。在人生这出戏中，每个人只有一次上台的机会，这之前的冥冥中，个人身体的元素已经经过亿万次的组合，当它们完美无瑕地组合成“我的形象”之时，他就已具备了单独作战的能力，他就要独立思想，就要看清人生舞台悲壮的背景，并深深地为这种悲壮所打动，但他仍必须深刻，必须快乐，必须满含深情地面对观众，面对自己，这是尼采的使命，也是查拉图斯特拉的使命，也许，这也是大家的共同使命与境遇。

在李燕杰的世界里，除了青年的朝气感染着他，幸福的家庭也是他生命活力的加油站。早年，李燕杰曾诙谐地说：“我们家是合理搭配：一个爸，一个妈，生了一个儿子，一个女儿，儿子又生了儿子，女儿又生了女儿。家里有教授，有医生，就像搭积木，严丝合缝，谁也离不开谁。”老伴齐绍华是个多面手，是他的医生、营养师，还是工作助手。李燕杰每天收到大量青年朋友的来信，最高一天125封，甚至影星李连杰的信都寄到这里。这些信多是老伴帮助拆阅整理，其中不乏示爱的内容。读到这样的内容，老伴付之一笑，李燕杰阅后也只是对着老伴笑笑，因为李燕杰知道，他们之间相互依赖，相互信任，相互鼓励，齐绍华也清楚，他有一颗真、善、美铸就的金子般的心。

李燕杰在家是“俯首甘为孺子牛”，四五岁的外孙女京京批评外公在家就会写字、看书，尽偷懒，干脆把他排到number five，最后一名。京京是个小人精，也是李燕杰实施教育艺术的实践典型，刚学了几个单词，她就会灵活运用，见了男的会说wonderful（真棒），见了女记者会说beautiful（真漂亮）。她会给人讲十八罗汉，会捧出一堆铜钱阐明鉴赏古玩的常识。曾经日本有个单位让李燕杰写一个反对核武器的条幅，他写了“和平”两字，觉得不好，扔了。京京过来捡起纸说：“外公真浪费，这么大张纸给扔了。”说着，她拿起笔来写下“和平”。李燕杰赶快抓拍下来，寄到日本。核实后，“和平”书法在日本展出。家人开玩笑说：李燕杰七十岁的“和平”不如京京四岁的“和平”，小京京的天真可爱，使李燕杰在工作之外，感受着天伦之乐。

当人们说李燕杰身体保养得很好时，他指着身旁的夫人说：“这有她的功劳，我不抽烟、不喝酒、不打牌，在台上演讲，面对成千上万人，有时来个大动作就是练武功，在台下写诗，写书法，实际上就等于练气功，武功加气功，效果非凡，其乐融融。”

清风能感水能化，修竹有情兰有怀。

书是李燕杰心灵的盛宴。

“哎呀，都到年底了，我还得赶紧去淘点金，好过年啊。”一天，李燕杰拿起一个平时就准备好的编织袋，骑着自行车直奔北京潘家园旧货市场。60 多年的阅读，总是这样甜蜜。

作为著名的演讲家，去全国各地演讲、买书、看书、写书、把玩收藏品，是李燕杰生活的全部。对于像他这样一个经常在讲台上充满激情振臂高呼鼓励人们奋进的老人来说，阅读是他甜蜜的发祥地之一。

有多少人因此而甜蜜着？有多少人因此而变得年轻？虽然阅读不能改变人生的长度，但它改变了人生的宽度。阅读可以让人生在有限的长度内，变得宽广辽远，波澜壮阔，奔腾汹涌，浩荡激越。

缜密的逻辑，深奥的思想，崇高的境界，伟大的灵魂，全都环拥着阅读者。很多人也为此而幸福、甜蜜。因阅读而甜蜜的人，是一个幸福的人，他可以视通四海，思接千古，与智者交谈，与伟人对话。不管这群人有没有使自己的宽度大于长度，但至少他们让自己的生活发生着变化。

李燕杰会为买到一本好书而欣喜不已，甚至逢人就提起；他会收集酒店里的小梳子，他会去古玩市场买仿真古董；他会与儿孙讨论国家大事，议论中外古今，也议论超女；他时常深情注视着自己的老伴；他十分好客，总是把陌生客人迎进家门；他时常凝神屏息地听晚辈诉说心事；他会拄着拐杖一口气爬上四楼气喘吁吁而对来访者报以歉意而调皮的微笑；他总是大声感恩每一个人为他做的每一件事；他总是用锐利的目光激励着与他相视一笑的人；他总是把时间安排得密不透风却从不迟到；他的认真与执著总是让记者相形见绌；他很少批评别人，但表扬起人来却毫不客气；他会认真阅读一封寄给他的信，然后十分认真地回信；他相信书中不止只有黄金屋、颜如玉，他习惯晚上一口气读完一本书，他会像男人品酒品烟一样长久地品味着某一句话；他可以在书中与主人公对话；他能触摸到蛰伏在音乐中的音乐家灵魂；他一直喜欢留长发，喜欢穿大红 T 恤，喜欢戴着大腕表；夏天他会摇着一把扇子，见书法家或名人会让人家留个字；他时常赠人字画，不论年龄、身份、贫富一律有份；他喜欢访大川见名人，他说他围绕地球转了好多圈了，中国更是走了一遍又一遍，爱已撒得满地都是，世界的每个角落都可以找到他的灵魂……他说着说着就会背诵起名人佳句。

他早已过了古稀之年，但仍然像年轻人一样充满活力。每天早晨四五点钟起床伏案读书，写文章，回复青年来信，备课写教案，为各地索求墨宝的朋友写条幅……他的爱心、智慧、才学，对生活的领悟和解析，对青年一代的期望和点拨，就渗透在那一首首清新动人的诗作、那一封封语重心长的信函、那一幅幅气势磅礴的书法之中，延伸到千千万万读者、听众、朋友的心中，给他们以激励和启迪，成为他们人生之旅的新的热力源。

至善、全能、博爱的大写的人格，每个人都可以与其建立起一种最亲密的关系。

茨威格曾说："我如果不在家，一定是在咖啡馆，不在咖啡馆，那我就是在去咖啡馆的路上。"

李燕杰则说："我如果不在演讲，就在读书，要不就在去演讲、读书的路上。"

每天工作多，又忙又累，李燕杰却有如违反生命规律般的年轻。

生命对每个人来说都是一次开始，只有一次，永远在开始，没有什么终点，即使人们常说的句号，那也只是另一段文字的开始，就像人生的大剧，这一场的谢幕，是另一场的开始。所以，作为生命体，人无疑是最高贵的，最丰富多彩的，最多变多姿的，没有哪一本书说得完，没有哪一个人可以说得尽，人们尽管说，尽情说，有人尽管听，尽情听呢！

点亮人生

第六章 品评李燕杰

李燕杰的家是个知识的海洋，藏书超过了 35000 册，人称“北京藏书状元”。1997 年，李燕杰齐迁新居，他的那些曾在陆、海、空三军服役的战士出动车辆，足足帮他搬了三天。当初他家做了很多书架，家具厂往他家里运的时候，小区里的人认为他们送错了，这么多书架肯定是公家买的啊，一般人谁买这么多书架。后来小区的人都知道李燕杰藏书，看到他家有那么多书，很多人和他开玩笑说：“如果有一天这个楼要是塌了，你可得负责。”

1. 左脑与右脑

李燕杰一次在青岛演讲，听众约两万人，他上场即提问：

“同志们，我给大家展示十个人名，马其顿、亚历山大、达？芬奇、米开朗琪罗，贝多芬、爱迪生、爱因斯坦、卓别林、克林顿、周恩来，请问，这十个人有什么共性?”

有人说：“勤奋，有名，都有姓。”

“说得也对，但不完全对。”

一个穿着迷彩服的青年走上台来，向李燕杰敬了个礼：“报告李教授，他们十个人共同特点是全死了。”

全场哄笑。

李燕杰说：“我搞的不是脑筋急转弯，要研究一个历史现象，其中克林顿就没死，他们共同特点是左撇子，既能用左手又能用右手的，肯定比一般人聪明。”

任何事物都能一分为二，不断的一分为二，意味着不断的进步。

人们所有的活动，它们都指向一个最终的目的：自明，自强。

自明即认识自己，自强为强大自己。没有自明，难以自强。而所谓自强，只不过使人心的观能得到补充与延伸：汽车是脚的延伸，电视是眼睛的延伸，电话是耳朵的延伸，大工业生产是手的延伸，飞机是翅膀的补充，潜艇是鳍的补充……

要实现自强不息，必须有不断的自明生成。

对于人来说，其显现出来的能量只不过占其总能的1%，99%的潜能蛰伏在人的心身之中。而这1%的显能，也只是开发了的我们的左脑的一小部分，对右脑的开发，于许多人而言，还近乎一片空白。

左脑与右脑，尤如两个机舱的驾驶员，但没有正、副之分，它们掌管着各自不同的领域。

多年以来，从科举考试到应试教育，都是强调逻辑思维而相对忽视形象思维，这种习惯与做法的结果，使教育者逐渐形成较为单一的用脑模式——只善于使用左脑，而不善于使用右脑。讲科学、讲素质教育就要开发人脑功能。左、右大脑各有其独立意识思想链和自己的记忆，而且，它们基本上是以不同的方式进行思维的，左脑倾向于用语词进行分析性思维，右脑则倾向于以感觉形象直接思维。大脑所具有的左、右脑的功能，只有在互动中才能实现互补，也只有在互补中才能实现互动。只有左脑、右脑同时启动，平衡运作，人的素质才能得到更快的提高。

平衡，才能和谐，要使人心身和谐，必须要人的大脑和谐，相对平衡地开发左脑与右脑。

诚然，人们对大脑的认知并不完全，不，是刚刚开始，至多只触到了它深奥世界的皮毛。

每门科学都自成体系，却又与其他科学紧密相联，甚至相依相存。人们不断分类、分化、细分，只是为了认识事物，只是为了延续、延伸自己的观能，它们原来是一个整体，密不可分的。

李燕杰驾着自己的智慧马车翱翔在各门科学的星辰之间，这是一种人生的美景，也是一种人生的享受，社会学、人类学、历史学、物理学、生物学……他紧紧盯着人类学、生物学，原以为这是两颗恒星呢，原来也是两个星系。

每一门科学都是一个星系，几千克的大脑中，运行着多少星系啊!

似乎，星系间的距离也越来越大，人们相互沟通、认识的鸿沟也越来越大，必须有更大的智慧，才能消除这一道道鸿沟。对了，“海洋上冰山点点，但它们却属于同一座冰山，就像每门科学、每个人，它（他）们属于同一门科学、同一个人，我们的使命是找到这门科学、这个人。”李燕杰似乎听来自右脑的声音。

2. 智商与情商

与其说智商与情商是一对孪生兄弟，还不如说它们是一对相互排斥又相互依存的仇敌。

有哲学家这样认为：如果感性是明目的瘸子，那么理性就是双腿健全的瞎子。没有感性，人就失去了方向，没有理性，人又寸步难行。只有瞎子驮着瘸子，人才能走得更远。

智商源于理性，情商源于感性，没有智商，事业做不起来，没有情商，事业则做不大。

智商属于聪明，融入情商后就升华为一种智慧了。

情感属于心灵，它是一种情怀，融入智商后就转变为一种生产力了。

司马迁是史学之父，没有愤怒，没有愤慨，怎么能写出53万字的《史记》?

在教育教学实践中，人们往往只重视智商的作用，而忽略了情商的作用。他们不知道一些只有高智商的人，在事业上不见得会取得成功，而智商与情商都比较高的人，往往却能在事业上有所突破。

一个优秀的教育工作者，不仅要善于借助各种有效的教育手段增加受教育者的智慧，而且还要善于调节被教育者的情绪，使其产生共鸣与共震。

教学过程中，要明理（开启智商）、激情（引发情商）、达意（修练意志与道德）、导行（增强行动力），特别要善于用激情，受欢迎的演讲和教学离不开这一点，即演讲者或教师在“知、情、意、行”四个方面十分重‘情’，他们既善于利用自身的情商，更注重开掘激发学生的情商。

在一次讨论会上，一位著名的演说家没讲一句开场白，手里却高举着一张20美元的钞票。面对会议室里的200个人，他问：“谁要这20美元?”一只只手举了起来。他接着说：“我打算把这20美元送给你们中的一位，但在这之前，请准许我做一件事。”他说着将钞票揉成一团，然后问：“谁还要?”仍有人举起手来。

他又说：“那么，假如我这样做又会怎么样呢?”他把钞票扔到地上，又踏上一只脚，并且用脚碾它。尔后他拾起钞票，钞票已变得又脏又皱。

“现在谁还要?”还是有人举起手来。

“朋友们，你们已经上了一堂很有意义的课。无论我如何对待那张钞票，你们还是想要它，因为它并没贬值，它依旧值20美元。人生路上，我们会无数次被自己的决定或碰到的逆境击倒、欺凌甚至碾得粉身碎骨。我们觉得自己似乎一文不值。但无论发生什么，或将要发生什么，在上帝的眼中，你们永远不会丧失价值。在他看来，肮脏或洁净，衣着齐整或不齐整，你们依然是无价之宝。”

生命的价值不依赖我们的所作所为，也不仰仗我们结交的人物，而是取决于我们本身！我们是独特的——永远不要忘记这一点！

李燕杰认为，教育青年大学生要充分运用自己的思维优势，发挥情商的作用，这样才能正确处理好事业和理想、婚姻和爱情的关系。文学院一名老师亲切地说：“听李燕杰的演讲，简直是如沐春风。”

3. 现实主义与浪漫主义

最大的浪漫主义就是最大的现实主义，而一味强调现实至上的人，他追求的实是缥缈的虚幻之物。

动物只会为眼前的食物所激动，而人类却会为远在天边的与自己无关的星辰所激动。

教员研究如何出新意，特别是启发听众形成一种新的思维方式，使听众不仅能掌握“已知”，更重要的是能感受与探索未知，还要千方百计引导学员，在大量的已知中，找到内在联系及彼此差异，在古今中外对比中寻求事物发展的规律，总之，竭尽心力使学员在有限时间获得更多的收益，不仅授人鱼，而且教给他捕鱼的方法。

李燕杰善于取之于古代用之于今天，取之于国外用之于国内，取之于实践用之于教育。

他在取舍之中，千方百计使每件事都有所升华，上升为哲理思辨，就像艾思奇讲《大众哲学》那样为青年阐释大众美学、大众教育学，李燕杰创造了为广大青年喜闻乐见的教育艺术。

李燕杰灵活、巧妙地支配着每天的时间，把各项工作做得生机勃勃，几方面的事业几乎是在同步前进，他的心态总是那么年轻，以至每次与青年见面说出自己的年龄时，台下都会发出一片惊叹声："啊？真是太不像了！"

李燕杰是一个典型的为"远在天边的星辰"所激动的人，他总有源源不断的豪情壮志，即使在最艰难困苦的岁月，这种豪情壮志也丝毫没有被磨灭，相反，它似宝剑锋从磨砺出，显得更铮亮如新。

现实主义喂养着人的躯体，浪漫主义喂养着人的心灵。

有一天，贝多芬住在公爵庄园，拿破仑的军官来了，发现贝多芬在场的时候，要求贝多芬给他们演奏，贝多芬拒绝这样的要求。当时，贝多芬愤怒到发狂的程度，他一脚踢开客厅大门，冒着倾盆大雨就回家去了，墙上挂着公爵的画像，贝多芬立刻把它撕得粉碎，拿起笔给公爵写了一封信：公爵之所以成为公爵，只不过偶然的出身，我之所以成为贝多芬，完全靠自己，公爵在过去有的是，将来还有的是，但是在整个的人类历史上贝多芬却只有我一个。

历史是公正的，历史也是无情的，公爵在人类历史上没有留下任何痕迹，但是贝多芬却以高尚的人格、美好的心灵和一系列不朽的乐章在亿万人们心目中耸立了音乐的纪念碑。

伏尔泰说："上天，给人两样东西，希望和梦，藉以减轻人们的苦难遭遇。"

只有心灵强大的人，才是真正的强大，才能经受住生活的种种磨难，才能锲而不舍，不畏艰难地永不退缩，锐意进取，才能时时心里牵挂着别人的命运，牢记着自己的责任，才会把机会留给别人，把希望留给别人，才能让人一心向善。

当然，这种善并不是他赋予的，因为人们本来就是善良的，只不过有时候被某些人、事所蒙蔽了，遮盖了。强大的人会毫无怨言地去披露、传播所有人与事的事实与真相，世界所有的事实与真相。他不是讨好谁，更不会惧怕谁。他有自己的使命，他为使命而来，自然也准备为使命而去。

现实主义深刻，浪漫主义高远。现实主义入地千丈，浪漫主义冲霄万仞。只有集现实主义与浪漫主义于一身的人，才可谓真正的顶天立地。

现实主义以生活为师，浪漫主义以梦想为马。前者似老牛辛勤耕耘，后者如天马豪迈行空。

春秋战国时代，一位父亲和他的儿子出征打仗。父亲已做了将军，儿子还只是马前卒。一阵号角吹响，战鼓雷鸣，父亲庄严地托起一个箭囊，其中插着一支箭。父亲郑重地对儿子说："这是家袭宝箭，佩带身边，力量无穷，但千万不可抽出来。"

那是一个极其精美的箭囊，厚牛皮打制，镶着幽幽泛光的铜边，再看露出的箭尾。一眼便能认定是用上等的孔雀羽毛制作。儿子喜上眉梢，贪婪地推想箭杆、箭头的模样，耳旁仿佛嗖嗖的箭声掠过，敌方的主帅应声落马而毙。

果然，佩带宝箭的儿子英勇非凡，所向披靡。当鸣金收兵的号角吹响时，儿子再也禁不住得胜的豪气，完全背弃了父亲的叮嘱，强烈的欲望驱赶着他呼地一声就拔出宝箭，试图看个究竟。骤然间他惊呆了。

一支断箭！箭囊里装着一支折断的箭！

"我一直挎着支断箭打仗呢！"儿子吓出了一身冷汗，仿佛顷刻间失去支柱的房子，他的意志轰然坍塌了。

结果不言自明，儿子惨死于乱军之中。

拂开蒙蒙的硝烟，父亲捡起那支断箭，沉重地啐一口道："不相信自己的意志，永远也做不了将军。"

每个人都是一支箭，若要它坚韧，锋利，百步穿杨，百发百中，磨砺它，拯救它的都只能是自己。

人，首先必须生活，梦想才有所附依。人，要有梦想，生活才能变得光明、灿烂、诗意、赏心悦目。人必须寻求深藏在内心最深层的渴望，唤醒童年的伟大梦想，如果没有白日梦，世界就失去诗意，人也将失去使命、责任、成就和荣誉。

现实主义的土壤中总是酝酿着浪漫主义的种子，浪漫主义的参天大树总是为现实主义带来荫护与养分。

李燕杰像个高明的魔术师，现实主义与浪漫主义、已知与未知、静态与动态、抽象思维与形象思维、智商与情商、左脑意识与右脑意识在他手中变戏法似的忽隐忽现，忽明忽暗，时时灿烂，时时精彩，时时撼动人心，时时激励人生，一如他那令人拍案叫绝的出神入化的演讲。

4. 他，与一个国家的历史有了联系

一个人的价值，不在于他的钱财，也不在于他的职位，而在于他与他人心灵联系的紧密程度。

李燕杰似乎能让自己的心灵和每一个与他谋面的人建立无比亲密的关系，甚至众多未曾谋面的，这种关系也得以确立。

他，与一个国家的历史有了联系。

他的品格、智慧、才华随同他的脚步，渗透到了这个国家的各个角落。

随着经济大潮的滔滔巨浪，李燕杰从为大学生、留学生演讲，逐渐转移到为企业演讲。内容包括企业文化建立、企业技能培训、成功智慧学等，许多培训公司的董事长、总经理都拜他为师，称他为演讲泰斗、培训鼻祖。国内一些部级、司级干部见到他总是说："我是在你演讲中成长的。"有人问他："这么多的事情你难道不感到累吗？"李燕杰说："我爱演讲，每天生活在美中、爱中、艺术享受中，我是幸福的，再加上能使别人幸福，我就更加幸福了！何累之有？"

人们说：教育艺术演讲是李燕杰的生命，李燕杰在用生命演讲。

从国家领导到黎民百姓，从大富豪到普通员工，从大学者到小学生，从政府机关到企业单位，从部队到学校，从国际组织到民间小团体……李燕杰深深吸引着这一切，他们热衷于他的演讲，推崇他的智慧与思想，他们甚至有点离不开他了。

他们要与李燕杰一道前进，或借助他的智慧出谋划策，或借助他的精神大振士气，或借助他的思想安定人心，或借助他的光环照亮前途，或借助他的品格历练心志，或借助他的信念重振旗鼓，或借助他的热忱再次找回纯真，或借助他的

爱焐暖每一颗寒冷而孤单的心，或借助他的语言搭建艺术的高塔，或借助他的声音穿透一切障碍，或借助于他的光审视万事万物……

总之，他们需要他，时代需要他，民族需要他。

“五讲、四美、三热爱”期间，李燕杰如阿波罗驾着太阳马般驰骋在中国大江南北，驰骋在世界各地。“市场经济、和谐社会”时期，他又如神行太保一样掠过祖国大地。胡锦涛倡导八荣八耻，倡导建立小康社会、和谐社会、学习型国家、创新型国家时，他与他的战友一起在全国演讲，受到十分热烈的欢迎，李燕杰有一颗飞翔的心，总是飞到人们呼唤他的地方。

于是，许多人，许多单位期望自己离李燕杰再近一些，期望李燕杰离自己再近，对此，只要出于好心，出于公益，李燕杰是来者不拒，由此，社会职务纷至沓来，掌声与鲜花纷至沓来。到 2006 年，李燕杰拥有社会职务 726 个，这个沉甸甸的数字，意味着李燕杰的——责任、付出、关爱、奋斗、公益、民意、归零、谦逊……是的，意味着这一切，又不仅仅是这一切。

5. 大地的春雷，一份拜师帖

犹如春雷唤醒大自然，李燕杰的演讲也使千百万颗心灵复苏。

掌声、笑声、演讲声声声入耳，热情、激情、同志情情暖人心。

李燕杰从害羞发言，到喜欢演讲，其中蕴含了他发现自我、打开自我、超越自我的过程。演讲使他兴奋，使他兴趣盎然，使他信心百倍，使他激情澎湃，使他活力四射，他的演讲是他精心过滤的智慧产物，他在演讲中用心照顾着每一位听众，使整个会场在欢歌笑语中完成信心的传递、情绪的转移、感觉的互动。一句话，李燕杰将自己的思想移植到听众的脑袋里了，并在那里生根发芽，开花结果，在那儿生生不息，代代相传。

他的语言、思想、智慧与疾速前进的机翼一道呼啸飞行掠过世界的大地。他的语言银犁般翻腾了 482 个城市的深腹，将信念、智慧牢牢根植在人们的心中。

他认为，演讲就是一件武器，只要装备足够精良，它就可以无往不胜。

语言，语言，还是语言。在这里，语言是内容、形式、思想的一部分。

拨动心灵之弦，奏响生命动人乐章，磨亮胆略之剑，开创生活辉煌未来。

李燕杰孜孜打磨着这一武器。西方谚语说世界上有两样东西最令人害怕，一是原子弹，二是演讲。两者有一个共同点，那就是非凡的战斗力，所不同的是原子弹打击的目标是人与物，为此它可以翻地三尺，而演讲冲击的目标是人心，它可以使人心换新颜，使人洗心革面。

李燕杰打磨这一核武般的利器主要是用以开启民智，打动心扉，感化心肠，他在传承科学、道德与意志。

正如蔡元培所说：要以美育代宗教！

他的演说充满了美好的信念、理智与情感，充满了高洁的意喻与意境，催人警醒，启迪上进。他融丰富的经验、深刻的思想、睿智的思辨、细腻的情感于一体，在创造者思考的熔炉中千锤百炼，因而，字字珠玑闪烁，句句精辟纷呈，段段隽永深长，敷真陈理，抒情言志，使人陶冶，给人启迪，让人感化。

他的哲言，锋利、坚锐、准确、敏捷，击中事物的本质，退尽迷雾；他的哲言，简洁、凝练、工整，令人耳目一新，蕴含智慧；他的哲言，清晰、明快、优美，能够拨动命运的琴弦，给人信心，策人思考；他的哲言，自信、热情、勇猛，径直打开人的心扉，照亮人的心坎，感染、引领、鼓舞他们不断前行；他的哲言，如上帝之爱，总是不胫而走，不翼而飞。

他使声音充满磁性，饱含能量，他的声音引起广泛的共鸣，产生着无与伦比的信赖感。

李燕杰在上海实现了自己的理想，76 岁高龄的他，在 2005 年一年中走了 14 个省，正是这一年，他在上海为癌症患者演讲完毕，实现了演讲 4000 场的梦。

他的足迹遍及全世界 682 个城市，其中在 482 个城市演讲，演讲数超过 4000 场。

每一场演说都是一次心灵的放飞，每一场演说都意味着下一次征程。

作为教育艺术家，李燕杰清楚，因材施教，这是教育的基本法则，不同特长，不同职业，不同环境，其教育方式、教育目的并不完全一样。比如对于学生，教育内容以德、才、学为主，教育形式则偏重习、熏、悟、化，即通过让其学习、练习，使其得到熏陶，有所感悟，达到潜移默化、感化的效果，而老师本身的学习（包括专业培训师），则偏重于身、言、书、判，使自己有好体魄，能言，会写，明断是非。

他强调教育的多元化，除了学校教育要加强外（学历教育仅是教育的一部分），家庭教育、社会教育、终生教育更需要得到强化。一个国家的国力、政治、经济、文化等都与教育休戚相关，而教育应担当起引领时代潮流、提升国民素质的重任。有人称，当前不缺少教授，而缺乏教练。于是，培训师这个行业日益红火起来。

李燕杰认为，目前搞培训、演讲的人，大约有以下五类：

1. 器械式——如同工具，只会简单述说，或重复他人的话，没有自己的见解。

2. 交易式——把演讲、培训当作一种赚钱的手段，缺少精神含量，没有理想、信念。

3. 宣教式——照本宣科。演讲、培训如果只是停留在宣与教的水平，肯定无法满足时代的要求。

4. 导师式——在智业之中，需要导师式的人物。没有精神导师的民族是可悲的民族。这种人为数不多，但弥足珍贵。

5. 圣哲式——随着社会的发展，人们急需时代的圣哲，当今是急需圣哲的时代，也是能够培养出圣哲的时代。

他认为每位智业首脑都要中外结合，古今打通，都应朝着导师和圣哲的方向前进，因为时代需要导师，更需要圣哲。

他的成就、他的观点得到了老、中、青演说家的认同，更得到当前活跃于培训界有志之士的高度赞同。

激情燃烧，理智升华。

于是，仿佛桃园结义一般，一份“拜师帖”恭恭敬敬摆在演讲泰斗李燕杰面前——

拜师帖

尊敬的恩师李燕杰教授：

我仰慕您的渊博知识、感佩您的完美人格、景仰您的高尚情怀，决意拜您为师，恩结“师生缘”，聆听您的教诲，传承您的衣钵，为振兴中华大业、提升民族素质，竭尽心力，一往无前。

李教授，在世人的眼里，您是中国当代杰出的大教育家、大演讲家、大美学家、大艺术家、大思想家、大哲学家，您是学界泰斗、一代宗师、万人楷模。

李教授，在我的心里——

您是一名长者，宽厚仁慈、真挚纯朴，严如生父、亲如慈母；

您是一名学者，学贯中西、通古博今，博采众长、海纳百川；

您是一名行者，足迹踏遍祖国千山万水，受任出使世界100多个城市；

您是一名歌者，把党和国家的声音，把中华民族的音符，谱成精气神的旋律，在全球的448个城市，唱响了3600多次，让人彻悟，使人净化，催人振奋；

您是一名智者，目光如注、高山仰止，思接千载、视通万里；

您是一名使者，一个真善美的化身，您有一颗金子般的心，就像阳光、空气和水分一样，滋润了亿万人的心田；

您更是一名勇者，昨天，您以乐观的态度面对挫折，今天，您用顽强的毅力傲视病魔；

古人云：才者，德之资也；德者，才之帅也……才德全尽谓之“圣人”。您德才学识兼备，博学博爱集于一身，您是铸魂的工程师、当今真正的圣哲。

天地间，人最大；乾坤里，师最尊。

李教授，一直以来，我期待您的耳提面命，感念您的倾情培育。能拜您为师，是千万人的心愿，更是我毕生的荣幸。

我不愿碌碌无为，不敢不学无术，我不会固步自封，不能苟且偷生。

请不要嫌弃我的愚钝，请相信我的真诚和勤勉，我不会辜负恩师的厚望。

李教授，请您收下我做您的学生。

您的学生：
孟昭春、易发久、程社明、佘泓江、翟　杰
陈　放、边四光、洪　伟、刘永忠、刘肇麟
徐友富、赵永久、魏春红
拜　上
2005 年 1 月 24 日

李燕杰心中一阵翻腾，他确实在身体力行某种神圣的信念，这个信念与爱有关，与青年有关，甚至与每一个人有关。

近半个世纪来的多少个日日夜夜，他不是一直与青年一道前进吗？这是一个美好的时代，青年们可以自由求学、求才、求智慧……他们不仅自立，自强，还在追求“他立、他强”，真是“人立而后凡事举啊”，见到优秀的弟子如此诚挚、执著，李燕杰一阵欣慰。

2007 年 10 月 25 日，李燕杰弟子翟杰、孟昭春、程社明、洪伟、佘泓江、陈放、徐友富、易发久、刘永忠、魏春红、江南、金雪、赵勇、邹越、安子、陈林、于文博等人于他 78 岁生日之际，在北京大学百年讲堂举办了“自主创新，共创和谐——中国教育艺术泰斗李燕杰第 4078 场主题演讲会”，近 2000 人聆听了演讲。

2008 年 5 月 15 日，中国教育艺术研究会成立 20 周年成果展暨李燕杰创新智慧精品集《创造丰富人生》研讨会在京举行，时任中华慈善总会荣誉会长、中央统战部副部长万绍芬、李燕杰等出席了会议。

也许，有的成功并不像人们想象的那么难。并不是因为事情难我们不敢做，而是因为我们不敢做事情才难的。30 多年来，李燕杰用自己的忠诚、学识、激情与品格，不断使这句古语变为现实。

春雷轰轰，千百万颗心灵在沉睡中醒来。李燕杰是一个早行人，现在，他的背后，隐隐约约的队伍蔚然成风了。深夜，李燕杰常常想起鲁迅的《过客》，他也偶尔像那个过客一样自言自语：“是的，我只得走了。况且还有声音常在前面催促我，叫唤我，使我息不下……”

6. 心灵之间

所罗门王在耶和华答应满足他的任何请求时，只提了一个请求：“求你赐给我敏于感受的心！”

书是心灵之间的红娘，它使古往今来的崇高心灵彼此相遇，相连。

在书中，面对高贵的心灵，李燕杰仿佛见到了自己千年的精神知己，灵魂兄弟。

生命的过程就是每个人打开自己心灵的故事，就是发掘、传递、储存生命之能、精神之能与思想之能的过程，每种能量中都蕴藏着创造者、生成者的个性与密码。对许多读者而言，他们之所以热衷于读某本书，是因为他在书中可以得到心灵的共鸣、情感的共振。而对一些作者而言，书中寓居着他们的灵魂，即使经年累月，这些灵魂仍鲜活如初，孜孜寻找自己的千年知己。

李燕杰嗜书如命，在书中，他俨然一位真理的帝王，满怀真理的黄金，智慧的瑰宝。

他细细体察着这些千年知己的话，他周到地照顾每一个匆忙而虔诚的心灵，他不时还补充着什么。

他不断地买书，疯狂地看书，忘我地写书，兢兢业业地教书，如获至宝地藏书。

看着摆满家室四壁的书，他似乎守住了某种灵魂的东西，幸福、感激之情油然而生，充溢胸间，诚如一首诗所云——

感谢你，四壁的星光，

感谢你，诗国的宝剑，决斗而死的普希金，你的真诚的榭树林和非人工的纪念碑，是怎么越过俄罗斯的原野，来到我的祖国和我的书屋？

感谢你，英国的骄傲，说不尽的莎士比亚，你的骄傲的丹麦王子和不朽的情侣罗密欧与朱丽叶，是怎样踏过大西洋的波涛，来到我的乡邦和我的桌旁?

感谢你，大胡子的普罗米修斯，我所信仰的卡尔·马克思，你的星空何时开始照耀我的土地与原野?

感谢你，大声呐喊而寂寞的战士，在百草园里追捕蟋蟀的大地之子鲁迅，你使我的血液里流淌着真实，笔管下流淌着严肃!

感谢你们，遥远的屈原与司马迁，柏拉图与亚里士多德!

感谢你们，不太遥远的康德与黑格尔，卡夫卡与海明威!

感谢你们，一切启迪过我的光辉的名字，一切在我的书屋四壁中闪耀的星光!

感谢你，北方的豪放，南方的婉约。

感谢你，西方的理性，东方的神秘。

……

有人戏谑："李燕杰不仅仅是个马列主义者呢，他还是个典型的五书主义者啊!"

李燕杰的家是个知识的海洋，藏书超过 35000 册，被北京市评为"藏书明星状元"，人称"北京藏书状元"。1997 年，李燕杰乔迁新居，他的那些曾在陆、海、空三军服役的战士出动车辆，足足帮他搬了三天。当初他定做了很多书架，家具厂往他家里运的时候，小区里的人都认为他们送错了，这么多书架肯定是公家买的啊，一般人谁买这么多书架。后来小区的人都知道李燕杰藏书，看到他家有那么多书，很多人和他开玩笑说："如果有一天这个楼要是塌了，你可得负责。"

为了买书，他一有时间就拿着大编织袋奔走于大书城、小书店、潘家园旧货市场……高档的、低档的、三教九流的、诸子百家的书他都买。"我干这行面对的是全中国乃至全世界，三天两头在台上演讲，这就要求我的阅读面一定得宽，一定得广，一定得奇，一定得特。别人不看的书我也得看，年轻人在看的书我也得看，阅读、买书，几乎成了我生命的一部分。"

就像寻找一位未曾谋面的老朋友，李燕杰奔走于大书城、小地摊、旧货市场满怀期待地翻阅，过滤，有的一见如故，便携手一起回到了书房。李燕杰看书的过程，也是他倾听心灵倾诉的过程。

“如果哪个时代没有出现圣哲，那这个时代绝对是暗淡的。”

“人的知识永远是上不封顶，下不保底的。”李燕杰的五书主义是为了立己达人。他的藏书，胜似金屋藏娇，也似良朋好友知己云集，一起指点江山，纵论古今。出于一种报答，一种感恩，一种对生命的尊重与负责，李燕杰也奋笔疾书，才思如涌，他写的书有46种，编的有100多钟。

李燕杰家里的书架一面墙是完全按照史的线索排列的，闭着眼睛他能拿出陆游的书来；一面墙是按今天的需要排列的，哲学、经济学、成功学等；还有一面墙是工具书。为了买书，他不惜血本。

对李燕杰影响力度最大的是四类经典著作。第一类是中国的老子、庄子、孔子、孟子，传统文化类的作品；第二类是洋的，像苏格拉底、柏拉图、亚里士多德、黑格尔等从古希腊、罗马一直到欧洲的大哲学家的作品；第三类是宗教界领袖的作品，如耶稣、释迦牟尼、穆罕默德；第四类是马列主义。这四类书综合起来就形成了李燕杰心中的人类的元典文化。

“读书不是目的，是手段。”这是李燕杰读书的观点。

“读书第一得把握根本，大本大元，第二是大智大慧和大谋大略，然后是大美大爱，而且要大正大刚。如果你心中有了美，有了爱，有了智，有了慧，有了谋，有了略，有了本，有了元，你读书是不是和别人就不一样啊。读了你还得传达出去。这才是读书的意义所在。”李燕杰读书是先把外在的东西吸收过来内化，然后再把内化的东西外化。

7. 飞龙在天

李燕杰是热烈的爱国主义者，被誉为捍卫民族文化的斗士，中华国粹的迷恋者。

热爱自己的眼睛，更热爱眼前的风景。

在民族文化的风景中，李燕杰发现一道独特的风景。

到过李燕杰家的人都记得，他的客厅、书房摆满了书，地上的书也是一摞紧挨一摞的，鲜有插足的地方。他常幽默地说："我这里到处是纸，一是上万册书，二是上百卷名人书法真迹，三是数以万计的相片，还有大批青年来信，这些都是我半辈子积累的财富，我视之为珍宝，极怕失火，所以本书房'严禁烟火'。"

书房的每一样东西，都是李燕杰演讲时的道具，"我在讲革命传统教育时，可以找出线装本《五四运动手稿》；讲美与思想教育时，可以取出瑞士街头的女交警照片；讲到人生哲理时，则可以展示各种各样的书法作品……"

李燕杰的书法条幅在国内外流传的超过两万幅，对此，李燕杰谦虚地说："大书法家的作品要控制，我是把它当成为人民服务的手段，有求必应。"所以，每演讲完一场，听众要求他写的书法，他常常一写就是十几幅。他的字，自成一家，行草兼具。写的内容多是总结出的哲理及经他修改过的名言警句，是演讲的延伸拓展，字形和字义协调一致，气势连贯，有独特的感人力量。

李燕杰认为，艺术是相通的。书法、诗歌、演讲，都是艺术，彼此之间在美感特殊性方面，在审美观方面往往可以找到许多相通之处。它们不但各自具有独特的体系，而且常常互相影响，甚至互相包容。

作为一名教育艺术家，李燕杰特别注意从各种艺术形式中汲取精华以营养自己、充实自己。除写诗、读诗外，李燕杰还酷爱书法艺术。"一点浩然气，千里快哉风"，祖国书法艺术的瑰宝是他孜孜不倦的精神追求。每当他铺开宣纸、泼墨挥毫之时，浩然正气就会充溢他的胸间。

起先，他在演讲、讲课之余，经常为青年写些座右铭；后来，为了强化演讲主题、理清听众思路，他又在走上讲台前准备好相应的书法条幅以便在演讲时展示。如："思九州而博大，横四海以焉穷"；"云横怒翼博千里，气霁刚风御九秋"；"宝剑锋从磨砺出，梅花香自苦寒来"；"远望方觉风浪小，凌空乃知海波平"；"山阻石拦大江毕竟东流去，雪辱霜欺梅花依旧向阳开"；"宠辱不惊看庭前花开花落，去留无意望碧空风卷云舒"。他也常这样鼓励青年和青年教育工作者："品若梅花香在骨，人如秋水玉为神"；"千江有水千江月，万里无云万里天"；"风采三秋明月，文章万里春光"；"风卷海浪花万朵，雁上晴空诗一行"；"海之德兮，山之魂；雁之歌兮，兰之馨"；文华（美丽）；兰芳碧坚；元贞（坚定）；德贵慎独，学贵心悟……飘逸潇洒的行草、高雅优美的词句、发人深思的意蕴，赋予李燕杰的书法作品以特殊的活力。难怪在国内外演讲之后，各界听众都为能得到这样一幅墨宝而争先恐后，万分欣喜。

其实，李燕杰51岁才开始练习书法。幼年时代，虽然练过描红，也学习颜、柳、欧、赵、苏、黄、米、蔡的字帖，但为了生活，哪里顾得上练字？可随着自己名气增大，每到一处都让他题字。他为此很苦恼：自己那字，哪能上席面！

1981年，他到四川演讲，参观三苏祠时，主办人把他请进贵宾室，文房四宝早伺候着。这可难为了李燕杰——他已多年没用毛笔，冷不丁却要当着这么多人的面写字。大家不仅要他写，还要结合三苏祠写首诗。诗倒不怕，可这毛笔真拿不动呀。李燕杰心里冒着汗，硬着头皮总算写成了。

从四川回来，李燕杰痛下决心：练字！他买了大量的书法家的字幅，怀素的、黄山谷的、柳公权的，每天都练。几年过去，他的字有了很大的进步。1989年，他的一幅作品被送到中国美术馆展出，竟被评得大奖。这是李燕杰获得的继国优、部优、市优、校优（这四优包括全国优秀青年教育工作者、优秀政工干部、突出贡献专家、优秀共产党员）之后的馆优，他一年中荣获五级奖励，同时荣获书法优秀奖。

李燕杰书法条幅的内容，有些多是古人或今人已有，由他改编的。“完全是‘古已有之’，不见得实用。稍改一下就‘古为今用’。像毛主席的诗‘天若有情天亦老’是唐诗人李贺的，再加上‘人间正道是沧桑’就变了。书法条幅大都是格言、诗句，引用时第一点是政治上不能出问题。另外要注意语言技巧、平仄、对偶等，还有声音要扬起来，整个句子念着是向下就决不用。如‘海纳百川，有容乃大；壁立千仞，无欲则刚’。‘无欲则刚’语调就非常高亢。”李燕杰说。

李燕杰不仅自己写条幅赠送年轻人，还用名人条幅影响他们。在他书房里挂着艾青写给他的条幅：“上帝与魔鬼都是人的化身”，他非常喜欢这句颇富哲理的话。他家里还挂着许多名人条幅，像刘炳森写的“真心凌晚桂，劲节掩寒松”，高峡写的“雅琴飞白雪，高论横青云”等。李燕杰说，运用这些去教育青年，给人以希望。

美国作家欧·亨利在他的小说《最后一片叶子》里讲了个故事：病房里，一个生命垂危的病人从房间里看见窗外的一棵树，秋风中，树叶一片片地掉落下来。病人望着眼前的萧萧落叶，身体也随之每况愈下，一天不如一天。她说：“当树叶全部掉光时，我也就要死了。”一位老画家得知后，用彩笔画了一片叶脉青翠的树叶挂在树枝上。最后一片叶子始终没掉下来。只因为生命中的这片绿，病人竟奇迹般地活了下来。

人生可以没有很多东西，却唯独不能没有希望。有希望，就有生命的生生不息！

在诗与演讲中，李燕杰给语言插上飞翔的翅膀，在散文中，他让躺着的文字站立起来，在书法中，他让每一个字的灵魂都得以复活。

就像生命的演变一样，每个汉字都有自己的故事，自己的历史，自己的灵魂。

对甲骨文、钟鼎文分外钟爱的李燕杰认为文字是文化载体的本源，汉字具有形、音、义，它蕴含着古老的智慧、信息，具有全息性，这是字母文字所不具备的，虽然汉字不能编造，但可以变形，可以继承过去，开创未来。

李燕杰小心翼翼地描绘着它，凤凰于舞，飞龙在天。

当它们活灵活现地呈现出来时，李燕杰情不自禁地赠予于人，与人分享。

李燕杰的书法以哲理见长，可谓幅幅是励志名言，句句为诗哲精华，字字尽现字魂字美，送好友、送亲朋、送会场热烈的听众，李燕杰的大札让人一辈子享用不尽，并且，他无比慷慨。

李燕杰的真诚，热情与学无止境的精神，感动了众多的书法艺术家和各界名人，他们纷纷为李燕杰亲笔写名言警句，为李燕杰的“陋室”增添了无限的光彩：“清风能感水能化，修竹有情兰有怀”（张旭）；“德成于上，艺成于下”（李铎）；“恰同学少年，风华正茂，书生意气，挥斥方遒”（欧阳中石）；“上帝与魔鬼都是人的化身”（艾青）；“海到无边天作岸，山临绝顶我为峰”（肖军）；“诗之心，国之魂，诗如其人”（冰心）；“远望方觉风浪小，凌空乃知海波平”（王照华）；“青年是宝藏，青年是黄金，宝藏要挖掘，黄金要熔炼”（臧克家）；“正义之剑，铸魂之师”（马文瑞）；“理直气壮讲真理，生动活泼写文章”（李伟）；“宠辱不惊，看庭前花开花落；去留无意，望天上云卷云舒（刘海粟）”……

在李燕杰的心目中，这批墨宝是他的无价之宝。

幅幅情真意切的字法，尤如镇魂之宝，让李燕杰感慨万端。是啊，一代铸魂之师，一群赤子良友，不知疲倦携手奔走在共同的路途。

读书，写诗，回复青年来信，书写条幅，成了李燕杰每天的“必修课”。他的爱心、他的智慧、他的才学、他对生活的领悟和解析，他对青年一代的期望与点拨，就渗透在那一首首清新动人的诗作、那一封封语重心长的信函、那一幅幅气势磅礴的书法作品之中，延伸到千千万万读者、听众、朋友的心中，给他们以激励和启迪，成为他们精神世界和人生之旅的新的热力之源。

李燕杰的名字先后被收入《中国古今书法家辞典》、《中国当代艺术界名人录》、《世界华人艺术博览大典》、《当代名人录》、《中国名人大辞典》等辞书之中。有趣的是，他的名字和他父亲李慎言的名字同时被收入《中国古今书法家词典》，而他和他弟弟的专题报道又先后出现在大型画报《中华英才》，“开卷送来人间正气，过目识得天下风流”。李燕杰的书法有的已经保存在毛主席纪念堂、彭德怀纪念馆，有的还印在《20世纪名人碑刻大全》、《中国古今书法家大辞典》中，有的刻在山石上，还有的流传到北美、欧洲、亚洲许多国家……李燕杰把所有美的东西都融入到自己的工作中。

后记 穿透灵魂的词语

2004年11月20日，我在北京人民大会堂第一次现场聆听李燕杰老师的演说，这也是我第一次见李燕杰老师。那是在中国首届品牌大会上，先后上台演说的有数十人，演说者大多是业界水准较高的知名人士，李燕杰一上台就开门见山——“大本大元求大智，大爱大美利大成；求真求善又求美，立德立言再立功。”使我耳目一新。

在当时社会普遍浮躁的氛围里，对成功、财富、智慧、高品质生活的追求是这个时代的集体冲动，而在这个过程中，有迷失方向者，有丧失信心者、有随波逐流者、有舍本逐末者、有聪明有余而智慧不足者、有满足又迷惑于自己的小智小慧、小情小爱者……李燕杰大本大元、大美大爱、大智大慧、大谋大略、大正大刚的思想尤如新时代的甘露，再次弥散开来……李燕杰充满“精气神”的精彩演说将大会推向高潮，掌声雷动，经久不息。

出于仰慕之意，回去后我立即寄了一本自己的营销专著和一本长篇小说请李老师赐教，他竟然给我回信，作出点评，使我大为惊叹。

两个月后，我的朋友张燎原要做一个“2005中国改革年·创新智慧华夏行”的大型公开巡讲会，主题是“让思维飞腾起来，让智慧行动起来——智慧大风暴”，怀着忐忑不安的心情，我给李老师打电话，他竟记得我，并爽朗地答应了见面时间。

几天后，我们便登门拜访。

这次拜访使我终生难忘，言谈间，李老师说：“《佚人手记》写得好，我一口气读完了，读了一个晚上（他读书常读到天明）。我也一直打算写部类似的智慧书啊!”合作的事自然是水到渠成。

师长的诚恳、歉逊、智慧、热忱、信赖与爱心让我甚至在踏进自家小院时还感到双眼酸涩,心灵低鸣——命运之神竟如此眷顾于我,可我景仰的老师竟然75岁了,并且,还癌症缠身……

有些话,不一定是自己有意去听,但它却能穿透心灵,一不留神,它就进入了内心,所谓佛语“直指人心”。

比如在与白杨的一次谈话中,白杨对他说:“有思想,有政治,有艺术,听你的演讲是一种美的享受。演讲需要艺术,演电影也需要艺术,教书也需要艺术,这几种艺术都是相通的。”

1987年开政协会期间,曾饱受非议的姚雪垠对李燕杰说:“你来我房间一趟吧。”李燕杰一进房间,姚雪垠就感叹地说:“耐得寂寞不寂寞,耐不得寂寞才寂寞!”

这不是同病相怜,而是同志共酬。

一次在机场,李燕杰听到有人喊他,循声望去,王定国正向他招手呢。大家聊了一会儿,李燕杰说自己岁数有点高,跑不太动了。王定国便对他说:“人到五十五,才是下山虎!”让大伙笑得面如桃花。在最近的一次会上,李燕杰见到90多岁的王定国,两人说起长征,李燕杰说:“王妈妈,有人把您老同志、老红军、长征都忘了。”王定国一板一眼地说:“忘了就忘了吧,长征为了不长征,过去的艰苦为了以后的不艰苦。”

老红军的拳拳之情,动人心魂。

2006年农历正月十五,在“生肖印,中华魂——陈冠英、张维萍生肖艺术展览会”开幕式上,文怀沙与李燕杰相遇,朋友正要介绍,文怀沙笑容可掬说:“天下谁人不识君!”在发言中,文怀沙说:“李燕杰为了弘扬中华民族精神作了很大的贡献,我要向他学习。我如有他的十分之一,就不得了啦。”

国学大师的谦虚、真诚跃然纸上。

在另一次大会上,钱学森见到年过七旬的李燕杰,便低声相问:“还在讲么?”

答:“还在讲。”

钱:“好,继续讲下去,德育非常重要,一个人不讲道德,怎样算人呢?你从事的是一个伟大的系统工程。”

廖廖几句话，饱含着一位老科学家对李燕杰的关怀与期待，同时又让人似乎看到李燕杰要“挽狂澜于既倒”的抱负，“烈士暮年，壮心未已”的竭力行动。

李燕杰的品格与才华得到了社会各界的赏识，国民党元老陈立夫题赠给他一幅字画：“游于艺教之术也。”

冰心为其诗集题词：“诗之心，国之魂，诗如其人。”

诗之心，国之魂。此言如闪电般击中了李燕杰的心灵，他有种窒息感，那是使命的召唤，道路干涸，他要风雨兼程。

他把冰心“诗之心、国之魂”的题词装裱后，悬挂在办公室的醒目位置。

无论闲暇，还是忙碌，他总是不时对着题词沉思，那个时刻，仿佛有一种力量在他心中复苏，沉淀，又仿佛有无数的纷扰在他心中沉寂。

原来，词语是能穿透灵魂的。

我希望它是温暖的，就如李老师的问候。借花献佛，我也藉此向为本书提供帮助、支持的老师、朋友表示感谢，同时感谢书中提及的人，其中大多数我并没谋过面，但他们对我的影响是深远的。

黄海平

2008 年 11 月

阅读越快乐 期待您的真知灼见

读者调查

作为读者，往往有更有力的文字和思想，更前沿的思考与感觉，或者最恰当到位的建言和评价，无论什么原因，我们都欢迎您的来信或留言。当然我们更期待优秀的书稿，期待与你一起完成美丽文字获得出版的旅程！

如果您能方便帮我们解决以下问题，并寄给我们以进入我们的数据库，我们将与您建立亲密的伙伴联系。问题如下：

1. 您通过什么途径了解到本书?

   □朋友介绍 □会议培训 □书店广告 □报刊杂志 □其他

2. 您对本书整体评价为：

   □非常满意 □满意 □一般 □其他 ______，原因是 ______

3. 你的阅读方向是（类别）：

4. 您对以下哪些活动最感兴趣?

   □大型联谊会 □专业研讨会 □专家讲座 □俱乐部/沙龙 □其他

5. 你希望我们能为您做什么服务?

6. 您对本书：□只读了一两篇 □读了一小部分 □一半内容都读了 □大部分内容都读了 □几乎全读了

7. 总体来讲，您最期待读到的出版作品是关于哪方面的?

欢迎您通过以下方式联系我们！联系人：张老师
投稿回馈电话：010/63497569 传真：010/63498505 E-mail:read.2020@163.com

中国水利水电出版社
www.waterpub.com.cn

中国水利水电出版社
www.waterpub.com.cn

个人资料

2009

请用正楷填写，并附上名片

姓　　名：________ 性　别：□男　□女

年　　龄：________ 手　机：________

联系电话：________ 传　真：________

E-mail：________

就职单位与部门：________

通讯地址：________ 邮政编码：________

职　　务：□董事长/董事 □总裁/总经理 □副总裁/副总经理 □高级秘书/高级助理 □职员 □政府官员 □专业人员/工程人员 □其他

学　　历：□高中 □大专 □本科 □研究生 □研究生以上

所购书籍书名：________

____

敬请您针对本书提出您的真知灼见，
我们每月都有一定数目的
最新作品敬赠给尊敬的读者，
也许他就是您。

欢迎您通过以下方式联系我们！ 联系人：张老师
投稿回馈电话：010/63497569 传真：010/63498505 E-mail:read.2020@163.com